Inhaltsverzeichnis

Ein T-Rex lernt fliegen

Bauanleitung T-Rex 500

Stefan Pichel

Bibliografische Information der Deutschen Nationalbibliothek
Die Deutsche Nationalbibliothek verzeichnet diese Publikation in der Deutschen Nationalbibliografie; detaillierte bibliografische Daten sind im Internet über http://dnb.d-nb.de abrufbar.

Bei der Zusammenstellung der Texte und Abbildungen wurde mit größter Sorgfalt vorgegangen. Trotzdem können Fehler nicht vollständig ausgeschlossen werden. Weder Autor noch Verlag können für Schäden haftbar gemacht werden, die in Zusammenhang mit der Verwendung dieses Buches stehen. Für Verbesserungsvorschläge und Hinweise auf Fehler ist der Autor dankbar.

In diesem Buch werden eingetragene Warenzeichen, Handelsnamen und Gebrauchsnamen verwendet. Auch wenn diese nicht als solche gekennzeichnet sind, gelten die entsprechenden Schutzbestimmungen.

Webseite: www.heli-spass.de   E-Mail: abgehoben@heli-spass.de

Fotomodell: Katrin Bösche

Lektorat: Denise Fritsch

Herstellung und Verlag: Books on Demand GmbH, Norderstedt

ISBN: 978-3-8482-0547-9

Kapitel 1

Lieferumfang

1.1   Der T-Rex 500

Der T-Rex 500 ist ein Modell, das erst relativ spät zur T-Rex Modellreihe hinzukam. Die Firma Align möchte damit jenen Piloten einen Hubschrauber an die Hand geben, denen der T-Rex 450 zu klein und der T-Rex 600 zu groß ist. Der T-Rex 500 bietet genau das Format, das bequem in einem Kleinwagen transportiert werden kann. Er ist nicht so windempfindlich wie der kleine Bruder T-Rex 450 und damit auch für Einsteiger bestens geeignet. Außerdem sind die laufenden Kosten im Vergleich zu den Ausgaben, die bei den großen Modellen der T-Rex-Serie anfallen, moderater. Der geringere Stromhunger des Motors lässt den Einsatz preiswerter Akkus zu und im Falle eines Crashs sind die Ersatzteilkosten geringer.

1.2   Modellversion

Das in diesem Buch beschriebene Modell ist der *T-Rex 500 ESP* in der Version „Super Pro". Der Umfang und die Zusammenstellung des Packungsinhalts wird sich zu möglichen anderen Auslieferungsversionen sicherlich unterscheiden. Außerdem kann nicht ausgeschlossen werden, dass der Hersteller auch bei dieser Version zukünftig die eine oder andere Änderung vornimmt. Trotzdem versucht der Autor, die Anleitung so allgemeingültig zu verfassen, dass sie auch für Besitzer anderer Modellvarianten des T-Rex 500 hilfreich ist.

Dieses Buch soll nicht die Anleitung des Herstellers ersetzen, vielmehr ist es als Ergänzung gedacht. Beachten Sie: Im Zweifelsfall gilt immer die Herstelleranleitung!

1.3   Packungsinhalt

Wenn Sie die Packung betrachten, fällt Ihnen sicher deren geringe Größe im Vergleich zum fertiggestellten Modell auf. Das liegt daran, dass der T-Rex 500 in kleineren Baueinheiten ausgeliefert wird als viele andere Modelle. Damit passt der T-Rex 500 trotz seiner Abmessungen in eine sehr kompakte Box (Abb.1.1).

Neben den sofort erkennbaren Bauteilen wie Haube und Rotorblättern befinden sich verschieden große Beutel in der Packung (Abb. 1.2). Diese enthalten zusätzliche Beutel und kleinere Tütchen. Align hat versucht, die Bauteile durch die Verteilung in unterschiedliche Beutel so zu gruppieren,

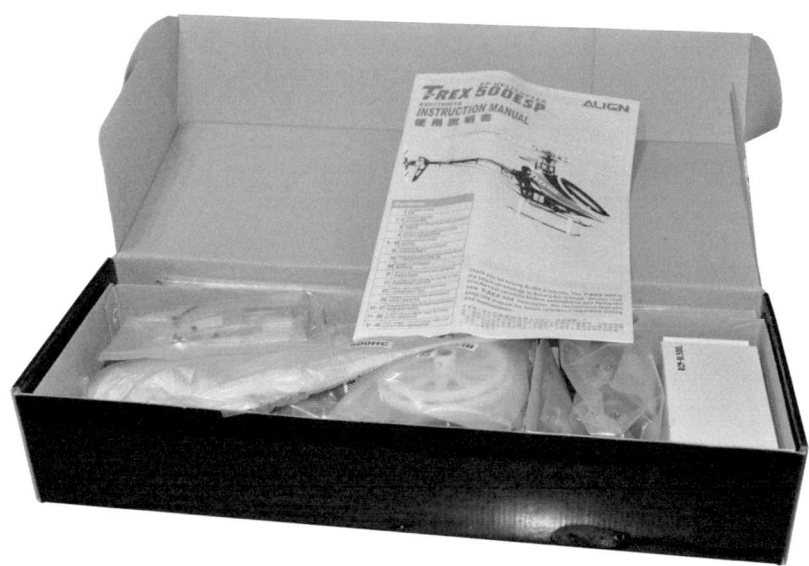

Abb. 1.1: Der Packungsinhalt ist sehr kompakt untergebracht, so dass der T-Rex 500 hineinpasst.

dass der spätere Zusammenbau einfacher vonstatten geht.

In der folgenden Übersicht ist die Sortierung der wesentlichen Bauelemente tabellarisch aufgeführt. Kleinere Einheiten sind aus Gründen der Übersichtlichkeit nicht aufgeführt. Die in den großen Beuteln enthaltenen kleineren Baugruppentütchen besitzen eine eigene Nummerierung.

Beutel	enthält	Inhalt
500HH:	500HH1	Rotorblatthalter mit Schrauben und Unterlegscheiben
	500HH2	Rotorkopf (Jesus Bolt)
		Dämpfungsringe (500HH2A)
		Rotorwelle
	500HH5	Taumelscheibe
	500HH10	Steuerbrücke
		Paddel
		Kugelbolzen (500H10A)
	500HH11	Hauptrotorwelle, Kompensator, Feststellring

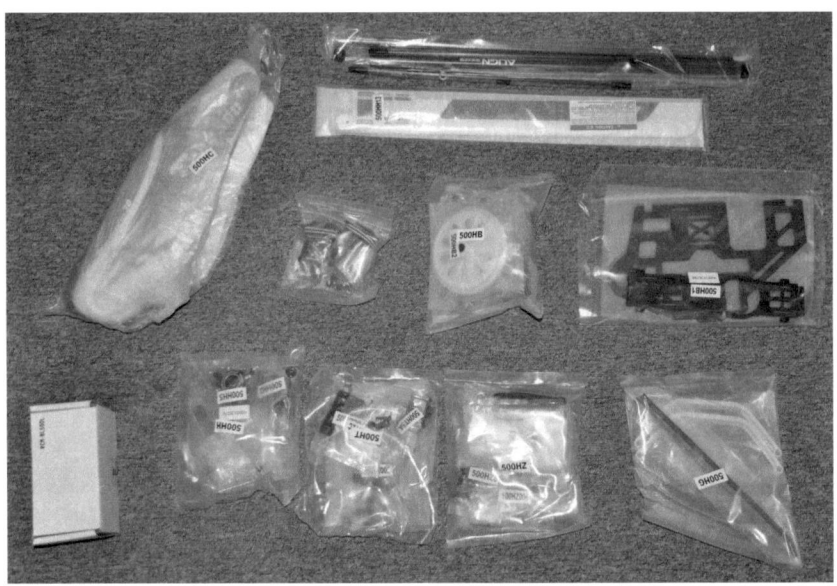

Abb. 1.2: Der Inhalt der T-Rex-500-Box besteht aus diversen Beuteln, die
selbst wieder kleinere Beutel enthalten.

500HT:	600NT2C	Anlenkhebel
	500HT3D	Heckservohalter mit Zubehör
	500HT2G	Leitwerke
		(im 500HT2DB die Befestigungskomponenten)
	500HT5B	Heckrotorblätter, Heckrotorblatthalter
	500HT5A	Innenleben des Heckrotorgehäuses
	500HT2F	Anlenkung Heckrotor
500HT3:		Gestänge, Heckrohr, Wellen
500HT4:		Heckrohrgehäuse
	500HT4A	Schrauben zur Fixierung des Heckrohrgehäuses
500HZ:	500HZ006	Schraubensicherungslack, Klebstoff, Schmierfett
		Kugelbolzen
		Rotorsicherungsschaumstofflaschen
		Kabelbinder
		Gewindestangen
		diverse Schrauben
	500HZ2	Gewindestangen
		Kugelbolzen (500HZ2A)
500HB1:		Chassis-Teile (zwei Seitenteile und Bodenplatte)

500HB:	500HB1C	Motorplatte, Führungslager, Taumelscheibenführung, Akkurutsche, Abstandshalter
	500HB2	Zahnräder
	500HT4	Chassisseitiger Heckantrieb
	500HB10	Schrauben und Hülsen
500HG:		Landegestell
500HH13:		Hauptrotorblätter
500HZ1:		Rotorblattprotektor, Trageriemen, Klettbänder

Motor und Regler sind in einer separaten unnummerierten Pappbox beigelegt. Zur Vermeidung von Transportschäden sind die langen Bauelemente (Heckrohr, lange Anlenkstangen etc.) in einer schützenden Plexiglasröhre untergebracht.

1.4 Werkzeug und Zusatzmaterial

Ein Modellhubschrauberbausatz ist kein IKEA-Möbel: Der Modellhubschrauber wird, anders als viele Möbelbausätze aus dem Möbelgeschäft, nicht mit allen zum Aufbau erforderlichen Werkzeugen geliefert. Der Hersteller geht davon aus, dass der Bastelpilot alle *Schraubendreher und Zangen* selbst besitzt. Aus ökologischen Gründen ist das auch sinnvoll, zudem die im Bausatz enthaltenen Schrauben, anders als die für einige Miniaturmodelle verwendeten Schrauben, so groß sind, dass sie mit üblichen Werkzeugen bearbeitet werden können. Ganz wichtig ist ein Satz an *Inbusschraubendrehern* in den Größen 1,5, 2,0 und 2,5. Den Inbusschraubendreher in der Größe 2,5 sollten Sie mindestens zweimal haben, denn Sie benötigen den zweiten Dreher zum Gegenhalten beim Befestigen der Blatthalter.

Eine kleine *Pinzette* ist insbesondere bei der Befestigung des Landegestells hilfreich, da sich die kleinen Muttern weigern werden, sich mit bloßen Fingern versenken zu lassen.

Für die Befestigung des Führungslagers auf der Heckantriebswelle benötigen Sie *Sekundenkleber*. Der den Packungen beigelegte Sekundenkleber ist oft mit „CA glue" beschriftet. *CA* steht für CyanAcrylat.

Aus den Akkus in der für den T-Rex 500 üblichen Kapazität werden die Stromkabel gewöhnlich ohne angelötete Stecker herausgeführt. Damit Sie die Akkus an den Regler bzw. an das Ladegerät anschließen können, müssen Sie die benötigten Stecker selbst anlöten. Die meisten Piloten verschalten für die Stromversorgung des T-Rex 500 zwei Lipo-Akkus in Serie. Um möglichst flexibel zu bleiben, benötigen Sie ausreichend viele *Hochstromstecker*. Damit die Lötstellen geschützt und gegen Kurzschlüsse isoliert sind, sollten Sie einen *Schrumpfschlauch* verwenden.

Klettband leistet gute Dienste, wenn Sie die Akkus, den Gyro oder den Empfänger befestigen wollen. Mit *Kabelbindern* können Sie die Führung der Leitungen bequem vorgeben.

Ein *Drehzahlmessgerät* ist praktisch für die Einstellung der richtigen Rotordrehzahl (Abschnitt 3.10). Es gibt verschiedene Typen und Messverfahren.

Kapitel 2

Zusammenbau

2.1   Rotorkopf

Der Rotorkopf ist eines der komplexesten Komponenten des Hubschraubers. Lassen Sie sich nicht von den detaillierten Explosionszeichnungen in der Anleitung des Herstellers verunsichern. Wenn Sie bedacht vorgehen und die Erklärungen zu jedem Schritt in diesem Kapitel lesen, werden Sie keine Probleme bekommen.

2.1.1   Anlenkung durch Kompensator und Taumelscheibe

Öffnen Sie für die ersten Schritte des Zusammenbaus den Beutel mit der Beschriftung 500HH. Darin finden Sie ein Säckchen mit dem Aufkleber 500HH2. Dieses enthält Teile des Rotorkopfes, mit dem der Zusammenbau des Modells beginnt. Da der Rotorkopf eine komplexe Komponente ist, ist er teilweise schon werkseitig zusammengesetzt worden. Im Säckchen befindet sich außerdem eine Welle, die in einem der nächsten Schritte eingesetzt werden muss, sowie einige Dämpfungsringe (Abb. 2.1).

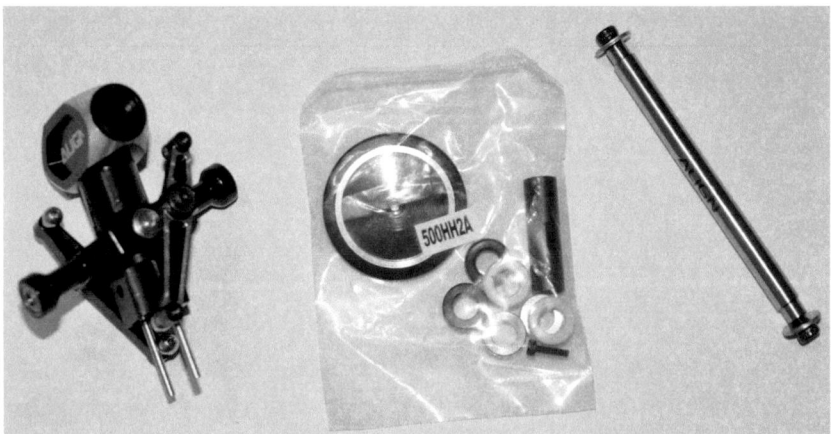

Abb. 2.1: Teile des Rotorkopfes sind bereits werkseitig zusammengebaut worden. Im Beutel 500HH2 befinden sich noch kleinere Bauteile wie eine Welle und Dämpfungsringe.

Ignorieren Sie jedoch zunächst die weiteren Inhalte des Beutels 500HH2. Entnehmen Sie stattdessen den Inhalt von Beutel 500HH10.

Unter anderem finden Sie ein mit 500HH10A beschriftetes Tütchen mit vier Kugelbolzen und zwei kurze Gewindestangen. Beachten Sie, dass es zwei verschiedene Größen von Kugelbolzen gibt. Sie sollten die längeren Bolzen verwenden, denn die kürzeren benötigen Sie später für die Ansteuerung der Blatthalter. Drehen Sie die Kugelbolzen bis zum Anschlag auf die Gewindestangen (Abb. 2.2).

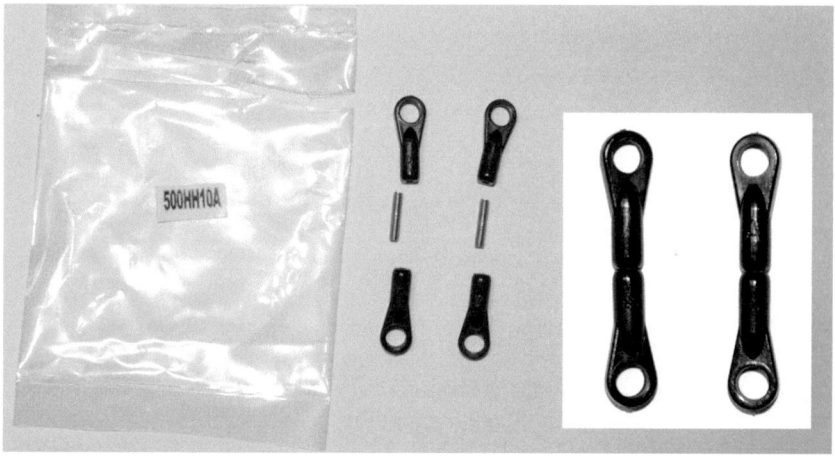

Abb. 2.2: Im Beutel 500HH10A befinden sich vier Kugelbolzen und zwei kurze Gewindestangen. Drehen Sie die Kugelbolzen bis zum Anschlag auf die Gewindestangen.

Im Beutel 500HH10 befindet sich auch die Steuerbrücke, die breits werkseitig zusammengesetzt wurde. Diese Maßnahme ist jedoch vom Hersteller nur vorgenommen worden, um Ihnen als Bastler anzuzeigen, welche Teile zur Steuerbrücke gehören. Für die Montage der Steuerbrücke müssen Sie diese wieder auseinandernehmen, um die im vorangegangenen Schritt zusammengeschraubten Kugelbolzen in die Steuerbrücke einsetzen zu können (Abb. 2.3).

Im nächsten Schritt setzen Sie die Steuerbrücke vorsichtig auf den Rotorkopf (Abb. 2.4). Achten Sie darauf, dass die Inbusschrauben von oben zugänglich sind! Lösen Sie diese, um nun die 340 mm lange Paddelstange für den Hilfsrotor durch die Steuerbrücke und den Rotorkopf zu schieben (Abb. 2.5).

Die Welle muss mittig eingesetzt werden! Sie besitzt zwei Einkerbungen, die zur Fixierung durch die Inbusschrauben dienen. Es ist also wichtig, dass

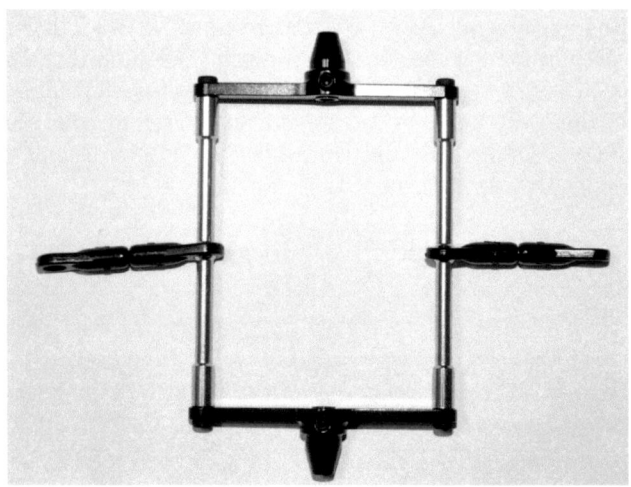

Abb. 2.3: Kugelbolzen auf der Steuerbrücke

die Welle mit den Einkerbungen nach oben zeigt und nach dem Hinein-
schieben nicht wieder verdreht wird. Vergessen Sie nicht, den Schraubensicherungslack einzusetzen, weil es sich hier um die Hubschrauberkomponen-
te handelt, die sich sehr schnell drehen wird! Der Schraubensicherungslack
verhindert, dass sich die Schrauben im Betrieb lösen können. Sie finden
ihn im Beutel 500HZ.

Im nächsten Schritt benötigen Sie den Inhalt von Beutel 500HH11 und die
Taumelscheibe aus Beutel 500HH5. Der Pitchkompensator und die Taumelscheibe sind schon werkseitig zusammengesetzt worden (Abb. 2.6). Dies
erspart Ihnen viel Bastelaufwand! Den Feststellring in dem Beutel benötigen Sie erst, wenn Sie später den Rotorkopf mitsamt Antriebswelle ins
Chassis einsetzen (Abschnitt 2.5).

Setzen Sie im ersten Schritt die Antriebswelle in den Rotorkopf ein und
sichern Sie die Welle mit der Schraube, die ebenfalls dem Beutel 500HH11
beiliegt (Abb. 2.7).

Nun können Sie den Pitchkompensator auf die Welle schieben. Achten Sie
darauf, dass Sie den Führungsring in der korrekten Richtung aufstecken.
Der Pitchkompensator enthält zwei Führungsschienen für die Führungs-
stäbchen des Rotorkopfes. Anschließend schieben Sie die Taumelscheibe
auf. Zur besseren Illustration zeigt Abb. 2.8 die Welle ohne Befestigung
am Rotorkopf.

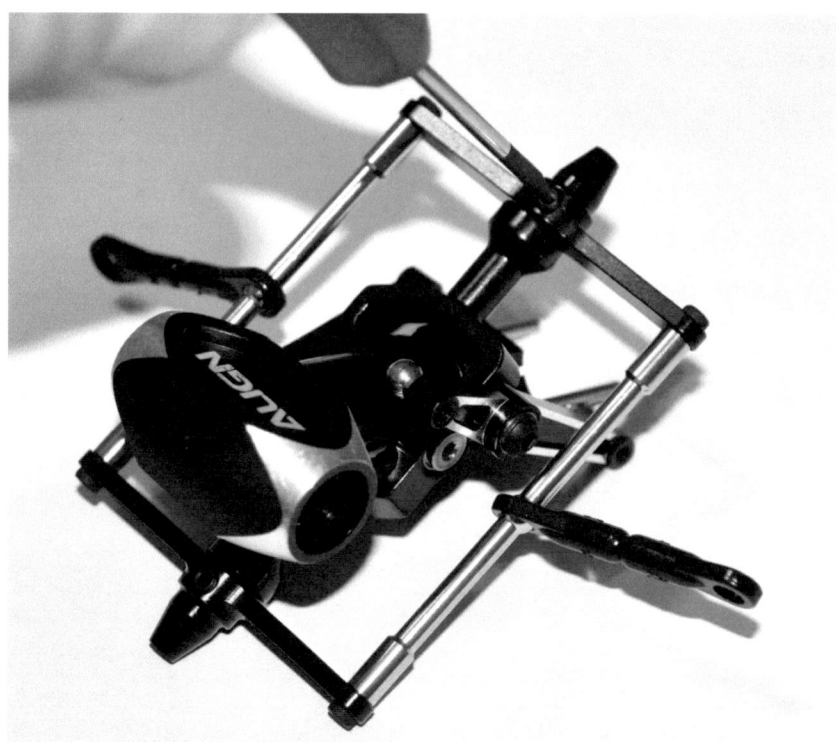

Abb. 2.4: Schrauben lösen, damit die Paddelwelle hindurchpasst

Für die nächsten Schritte müssen Sie diverse Kugelbolzen auf die entsprechenden Kugelköpfe aufstecken. In der Regel sind die Kugelköpfe schon herstellerseitig eingedreht worden. Allerdings hat der Hersteller die Kugelköpfe nur locker eingedreht, so dass Sie sie selbst fest eindrehen müssen!

Pitchkompensator und Taumelscheibe müssen miteinander verbunden werden. In der Abb. 2.9 ist skizziert, an welchen Kugelköpfen der Pitchkompensator mit der Taumelscheibe verbunden werden soll.

Noch sitzen Pitchkompensator und Taumelscheibe recht locker auf der Antriebswelle, weil es keine Verbindung zum Rotorkopf gibt. Dazu müssen Sie im Folgenden einige Gestänge mit Kugelbolzen versehen, die für die Verbindung zum Rotorkopf verwendet werden. Entnehmen Sie dem Beutel 500HZ2A zwei 34 mm lange Gewindestangen und vier Kugelbolzen und drehen Sie die Kugelbolzen fast bis zum Anschlag auf die beiden

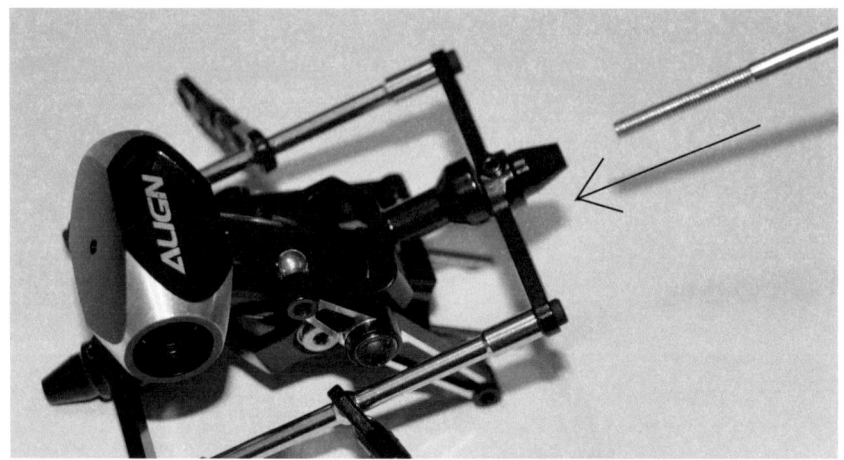

Abb. 2.5: Paddelstange durch Steuerbrücke und Rotorkopf schieben

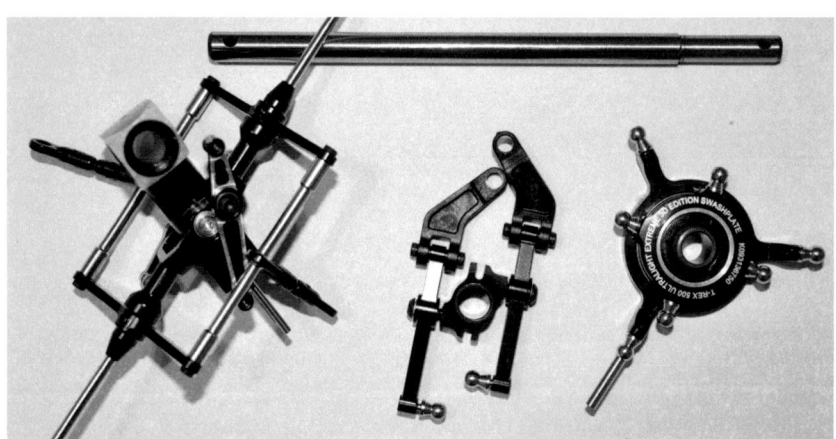

Abb. 2.6: Antriebswelle, Pitchkompensator und Taumelscheibe müssen mit dem Rotorkopf verbunden werden.

Gewindestangen. Die Länge von Mittelpunkt zu Mittelpunkt der Kugel-bolzenöffnungen sollte 53 mm betragen (Abb. 2.10).

Die im vorangegangenen Schritt erstellten Anlenkgestänge von 53 mm wer-den nun für die Verbindung zwischen den Anlenkarmen des Rotorkopfes und der Taumelscheibe eingesetzt. An der Taumelscheibe sind noch zwei

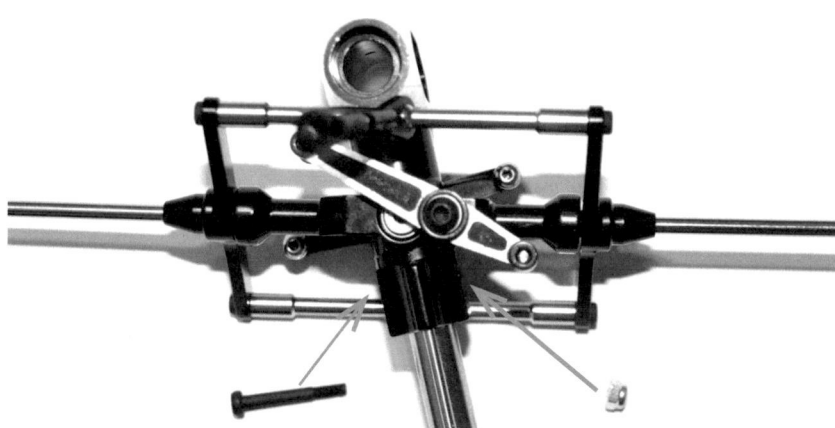

Abb. 2.7: Sichern Sie die Hauptwelle mit den Schrauben aus Beutel 500HH11.

Abb. 2.8: Reihenfolge und Ausrichtung des Pitchkompensators und der Taumelscheibe auf der Welle

Kugelköpfe frei, auf die diese Gestänge nun gesteckt werden können. Die Pfeile in Abb. 2.11 markieren die Kugelköpfe, auf die die beiden Gestänge gesteckt werden müssen.

Wenn Sie den Rotorkopf betrachten, werden Sie feststellen, dass nur noch zwei Verbindungen zu stecken sind: zwischen dem jeweils längeren Arm des Pitchkompensators und der Steuerbrücke. Die Kugelköpfe an der Oberseite bleiben zunächst frei, denn sie werden erst in einem späteren Montageschritt mit den Blatthaltern verbunden.

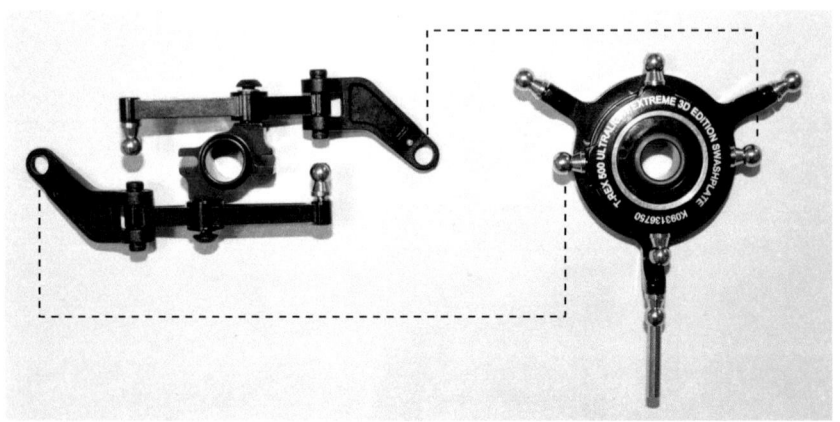

Abb. 2.9: Verbindung von Pitchkompensator und Taumelscheibe

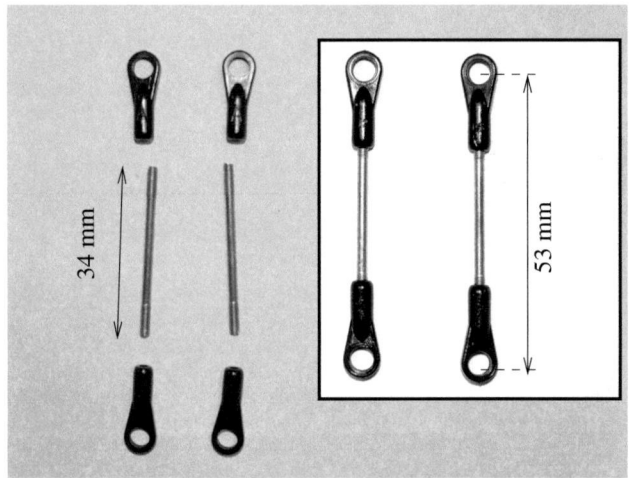

Abb. 2.10: Anlenkgestänge für den Rotorkopf

2.1.2   Blattlagerung und Anlenkung

Damit die Blattlagerwelle durch den Rotorkopf geführt werden kann, sind
einige Vorbereitungen zu treffen. In Beutel 500HH2A finden Sie einige
Scheiben und Dämpfungsringe. Die Dämpfungsringe bestimmen später,
wie „gutmütig" der Hubschrauber auf Steuerungsimpulse reagiert. Align
legt Dämpfungsringe in grauer und in schwarzer Farbe bei. Einsteiger,

Abb. 2.11: Verbindung von Rotorkopf und Taumelscheibe

die am Anfang noch keine akrobatischen Figuren fliegen wollen, sollten die grauen Dämpfungsringe verwenden. Damit sich die Blatthalter auf der Welle reibungsfrei drehen können, müssen Sie außerdem ausreichend Schmierfett einsetzen. In der englischsprachigen Anleitung heißt Fett übrigens *grease*. Das Schmierfett befindet sich in Beutel 500HZ006. Entnehmen Sie nun auch die Blatthalter, die Unterlegscheibe und die Drucklagerkomponenten aus Beutel 500HH1A.

Achten Sie darauf, dass Sie möglichst staubfrei arbeiten, damit die Halter auf der Blattlagerwelle später reibungsfrei beweglich sind!

In Abb. 2.12 ist die Reihenfolge der Abstandshalterscheiben, Schrauben, Lager und Ringen dargestellt, in der ein Blatthalter auf der Blattlagerwelle befestigt wird. Zwei Lager sind übrigens schon werkseitig im Blatthalter eingesetzt worden, um Ihnen etwas Arbeit abzunehmen. Die Führungshülse ist in der Abbildung bereits auf die Blattlagerwelle aufgeschoben worden. Achten Sie beim Zusammenstecken des Drucklagers darauf, dass die auf der Kugelfläche anliegenden Scheiben eine Innen- und eine Außenseite besitzen!

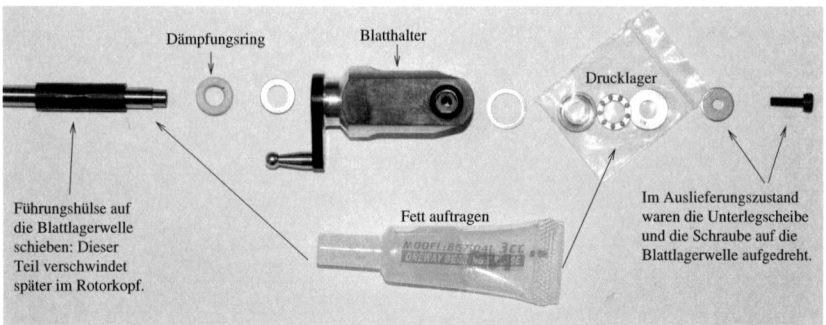

Abb. 2.12: Reihenfolge der verschiedenen Scheiben, Ringen und Lager für die Anbringung des Blatthalters auf der Blattlagerwelle

Stecken Sie die Hülse mittig auf die Blattlagerwelle und schieben Sie die Welle in den Rotorkopf. Die Hülse muss genau mittig im Rotorkopf verbleiben. Arbeiten Sie im Folgenden möglichst synchron auf beiden Seiten des Rotorkopfes. Nehmen Sie die für Ihre Ansprüche geeigneten Dämpfungsringe und stecken Sie diese auf die Welle (Abb. 2.13). Schieben Sie die Dämpfungsringe anschließend komplett in den Rotorkopf.

Abb. 2.13: Die Hülse ist bereits im Rotorkopf verschwunden. Schieben Sie die Dämpfungsringe beidseitig auf.

Stecken Sie nun in jeden Blatthalter eine kleine silberne Unterlegscheibe. Drücken Sie sie dabei leicht hinein. Fetten Sie anschließend die drei Teile des Drucklagers ordentlich ein und stecken Sie diese auch in den Blatthalter. Da Sie das Fett jetzt noch in der Hand haben, können Sie die Blattlagerwelle ebenfalls sofort einfetten. Schieben Sie anschließend die kupferfarbenen Abstandsscheiben auf die beiden Seiten der Blattlagerwelle.

Stecken Sie vorsichtig die Blatthalter auf die Blattlagerwelle. Achten Sie dabei darauf, dass Sie bei dieser Aktion die soeben in die Halter eingesteckten Lager nicht wieder herausdrücken. Fixieren Sie die Blatthalter mit den abschließenden Schrauben. Damit Sie die Schrauben fixiert bekommen, müssen Sie zwei 2,5-mm-Inbusschraubendreher einsetzen, so dass Sie auf der jeweils gegenüberliegenden Seite gegenhalten können. Prüfen Sie, ob die Blatthalter reibungsfrei und leicht beweglich auf der Blattlagerwelle rotieren können.

Damit die Blatthalter auch angesteuert werden können, fehlen noch die entsprechenden Gestänge. Entnehmen Sie die kurzen Gewindestangen und die *kürzeren* Versionen der Kugelbolzen aus den Beuteln 500HZ2 und 500HZ2A. Drehen Sie die Kugelbolzen so weit auf die Stangen, dass die Öffnungen einen Abstand von 24,5 mm haben (Abb. 2.14).

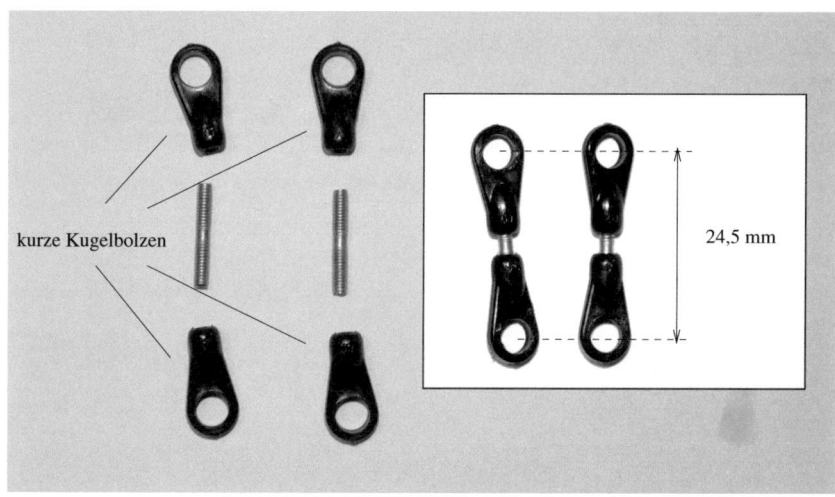

Abb. 2.14: Ansteuerungsgestänge für die Blatthalter

Hängen Sie nun die neu erstellten Gestänge zwischen dem Blatthalter und den jeweils kürzeren Armen der Steuerbrücke ein (Abb. 2.15).

Nicht unbedingt entscheidend für die Flugeigenschaften des Modells, aber dennoch ein dekoratives und auch nützliches Bauteil ist der Stopper auf dem Rotorkopf. Natürlich sollten Sie niemals mit den Fingern in einen drehenden Rotor fassen. Ist dieser jedoch nach der Landung fast zum Stillstand gekommen, können Sie ihn mit einem leichten Druck auf den Stopper unverzüglich komplett anhalten. Der Stopper befindet sich inklu-

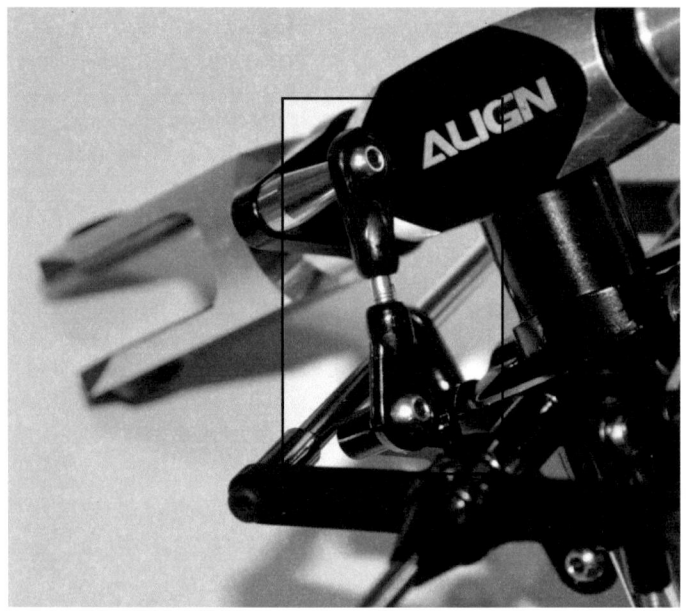

Abb. 2.15: Einhängen der Gestänge

Abb. 2.16: Stopper

sive der Befestigungsschraube in Beutel 500HH2A. Schrauben Sie ihn auf den Rotorkopf (Abb. 2.16).

2.1.3 Hilfsrotor

Der Hilfsrotor dient zur Stabilisierung des Hubschraubers. Er verleiht dem Modell im Flug eine gewisse Trägheit, die ihn überhaupt erst steuerbar macht. Allerdings geht der allgemeine Trend mittlerweile dazu über, auf den Hilfsrotor zu verzichten und dessen Funktion durch einen elektronischen Regelkreis zu ersetzen (Rigid-Ansteuerung). Die modernen Rigid-Systeme sind so ausgereift, dass sie eine komplette Horizontalstabilisierung des Modells bewirken können. Modelle ohne Hilfsrotor sehen ihren großen Vorbildern zwar ähnlicher, doch nimmt auch der Anspruch bei zunehmendem Automatismus ab. Viele Piloten reizt ausgerechnet die Herausforderung, das Modell ohne derartige elektronische Helfer steuern zu können. Aus diesem Grund hat sich der Autor entschieden, in diesem Buch die Bauweise mit Einsatz des Hilfsrotors zu beschreiben. (In Kapitel 4 werden elektronische Horizontalstabilisierer beschrieben. Diese sind meist auch für den Betrieb von Rigid-Systemen geeignet.)

Die Paddelstange haben Sie bereits durch den Rotorkopf geschoben (vgl. Abschnitt 2.1.1 auf Seite 13). In Beutel 500HH10 finden Sie die Paddel. Lösen Sie die Madenschrauben der Paddeln (Achtung, sie befinden sich an Ober- und Unterseite!). Anschließend können Sie die Paddel auf das Gewinde stecken und weiter eindrehen (Abb. 2.17). Der Hersteller rät zu einem Abstand von 108 mm zwischen Paddel und Rotorkopf. Dieser Abstand ist aber nicht zwingend erforderlich. Grundsätzlich gilt: Je weiter die Paddel vom Rotorkopf entfernt sind, desto größer ist deren Einfluss. Viel wichtiger ist allerdings, dass der Abstand der beiden Paddel vom Rotorkopf gleich groß ist, denn Unsymmetrien führen im Betrieb zu ungesunden Vibrationen!

Nun können Sie den Rotorkopf mitsamt Anhang erst einmal zur Seite legen. Zunächst muss das Chassis fertiggestellt werden, bevor Sie ihn wieder benötigen.

2.2 Chassis

Sie benötigen nun die beiden Seitenteile und die Bodenplatte aus Beutel 500HB1. Die Bodenplatte enthält Laschen, in die sich die Seitenteile einstecken lassen (Abb. 2.18). Sie halten, ohne dass Sie sie festschrauben müssen, was Sie zu diesem Zeitpunkt auch noch nicht machen sollten. Zuvor müssen noch weitere Bauteile zwischen den beiden Chassishälften eingesetzt werden.

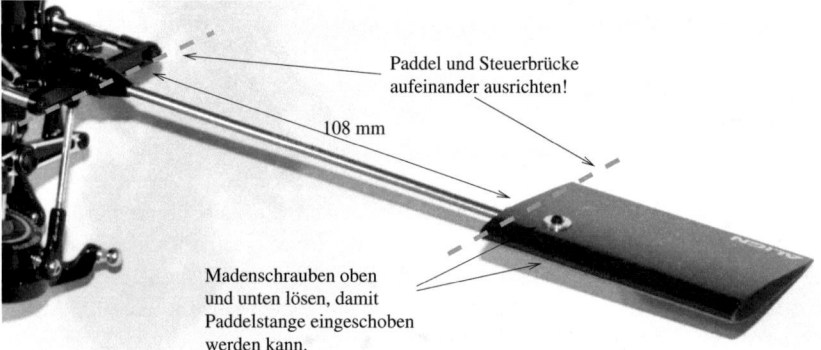

Paddel und Steuerbrücke aufeinander ausrichten!

108 mm

Madenschrauben oben und unten lösen, damit Paddelstange eingeschoben werden kann.

Abb. 2.17: Paddel auf die Paddelstange aufdrehen

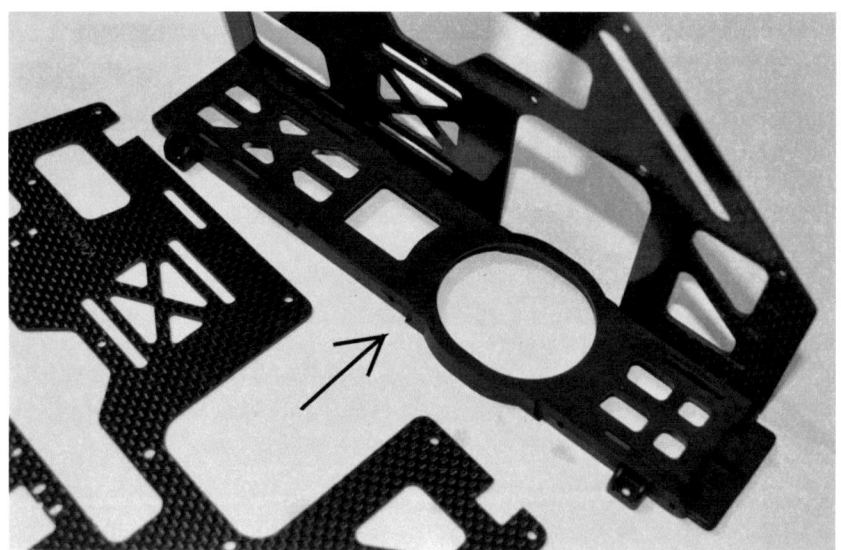

Abb. 2.18: Die Seitenteile des Chassis lassen sich an der Bodenplatte einstecken.

In Beutel 500HB1C finden Sie zwei Führungslager, durch die später die Hauptrotorwelle geführt werden muss. Diese Führungslager sind schon werkseitig zusammengesetzt worden. Entfernen Sie zunächst die vier Schrauben. Setzen Sie die Führungslager entsprechend Abb. 2.19 ein und schrauben Sie sie nur ganz locker mit den zuvor entfernten Schrauben am Chassis fest.

Abb. 2.19: Einsetzen der Führungslager

Die Empfängerplatte besitzt jeweils eine Noppe zu jeder Seite, mit denen Sie sie ins Chassis einsetzen können (Abb. 2.20).

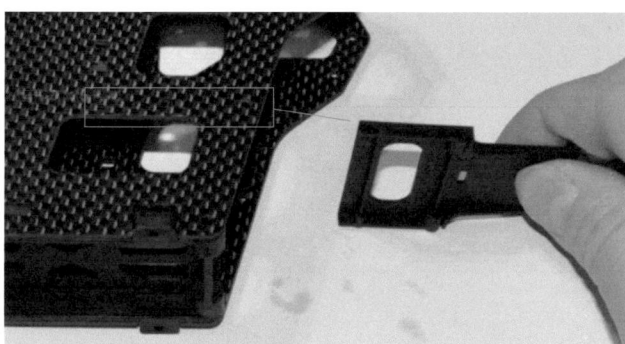

Abb. 2.20: Einsetzen der Empfängerplatte

Die Motorplatte enthält wie die Führungslager bereits eingesetzte Schrauben, die Sie vor dem Einsatz ins Chassis lösen müssen. Im Gegensatz zu den Führungslagern und der Empfängerplatte besitzt die Motorplatte keine Laschen, so dass sie allein durch die Schrauben im Chassis fixiert wird (Abb. 2.21).

Zu guter Letzt gehört noch ein Abstandshalter zwischen die beiden Chassisplatten (Abb. 2.22). Dieser enthält auch bereits eingedrehte Schrauben, die Sie vor dem Einsetzen lösen müssen.

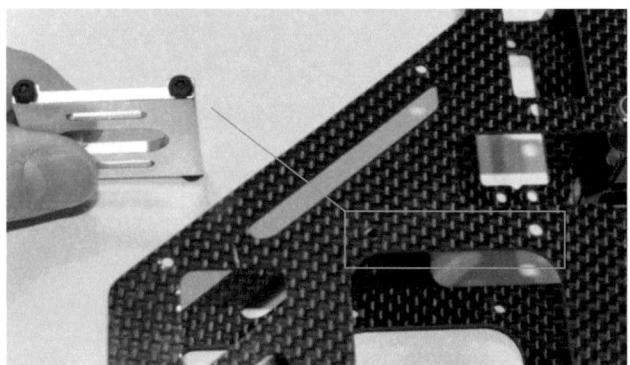

Abb. 2.21: Einsetzen der Motorplatte

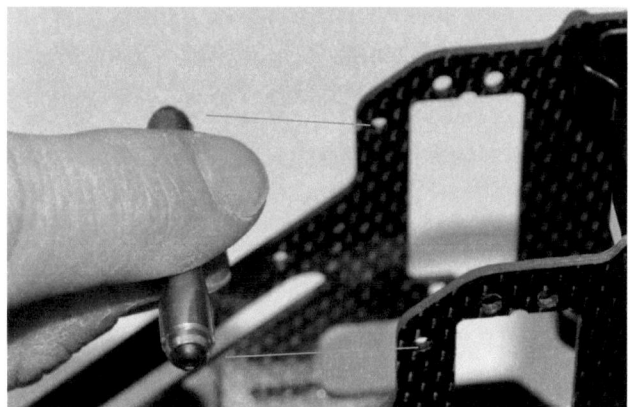

Abb. 2.22: Einsetzen des Abstandshalters

Jetzt können Sie vorsichtig die Chassishälften an den dafür vorgesehenen Stellen zusammenschrauben. Die Schrauben dafür finden Sie übrigens in Beutel 500HB1D. Sie benötigen die Schrauben in den Längen 8 mm und 10 mm. Achten Sie darauf, dass im Ergebnis die Seitenplatten genau rechtwinklig zur Bodenplatte stehen!

Setzen Sie nun die Akkurutsche und die Haubenabstandshalter ein (Abb. 2.23).

Im nächsten Schritt können Sie die beiden Servos einsetzen, wie es in der Herstelleranleitung auf den Seiten 10 und 11 detailliert dargestellt ist. Die

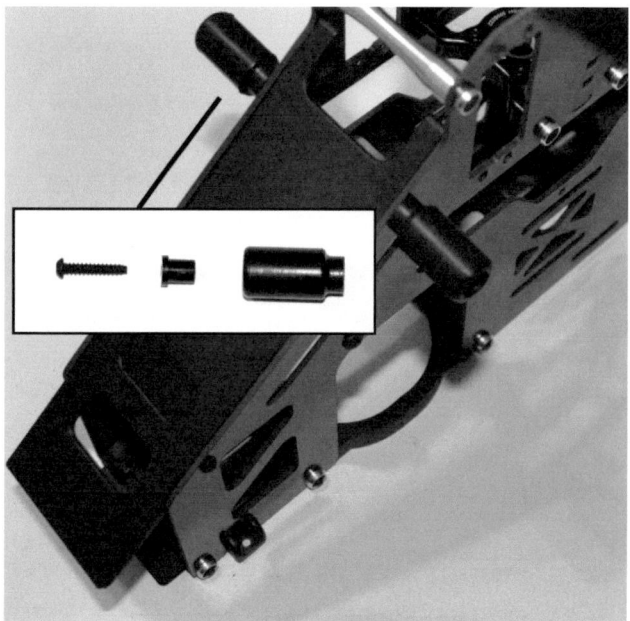

Abb. 2.23: Haubenabstandshalter und Akkurutsche

Schrauben und Plättchen zur Befestigung der Servos finden Sie in Beutel 500HZ006. Die Position der Servos entnehmen Sie der Abb. 2.24.

2.3 Landegestell

In Beutel 500HG finden Sie alle Zutaten für das Landegestell. Es lässt sich sehr einfach unterhalb des Chassis mit den im gleichen Beutel befindlichen Schrauben befestigen. Die Gummimanschetten dienen nicht nur der Optik, sondern verhelfen dem Hubschrauber später zu einem rutschfesten Stand bei Start und Landung.

Nutzen Sie zum Einsetzen der Muttern eine kleine Pinzette: Es sind schon zu viele Leute daran verzweifelt, die magnetischen Muttern mit einer normalen Zange oder den Fingern in die einfassende Öffnung zu versenken. Mit kleinen Madenschrauben können Sie die Kufen fixieren. Das fertige Landegestell sehen Sie in Abb. 2.25.

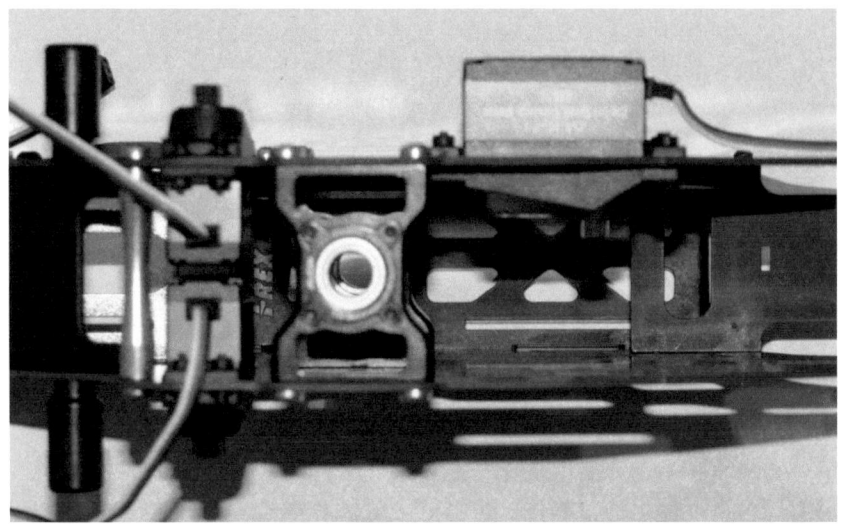

Abb. 2.24: Die Taumelscheibenservos müssen wie hier abgebildet ins Chassis geschraubt werden.

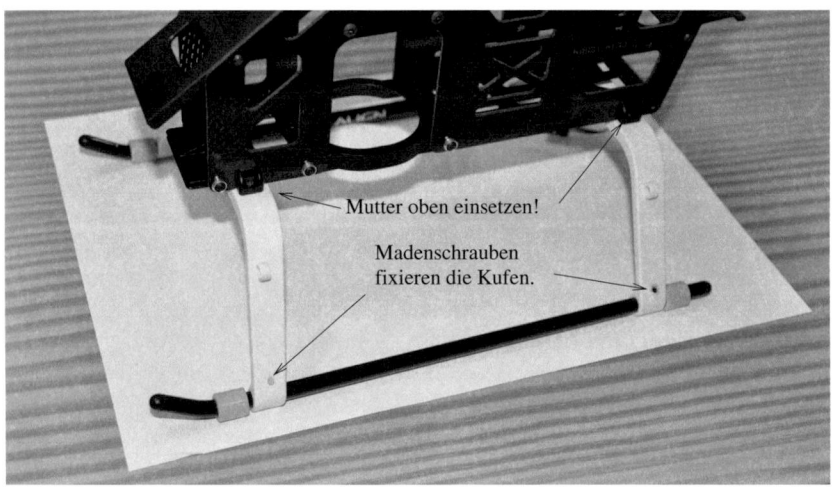

Abb. 2.25: Landegestell

2.4 Heck

2.4.1 Heckrotor

Lassen Sie sich nicht durch die komplizierten Explosionszeichnungen des Heckrohr- und Heckrotorgehäuses sowie deren Befestigung in der Originalanleitung erschrecken. Auf zwei Seiten stellt der Hersteller dar, wie die einzelnen Komponenten zusammengehören. Wenn Sie jedoch die erforderlichen Beutel öffnen, werden Sie feststellen, dass Ihnen der Hersteller bereits durch eine Vormontage wichtiger Komponenten viel Arbeit abgenommen hat!

Das Innenleben des Heckrotorgehäuses aus Tütchen 500HT5A (dieses Tütchen befindet sich in Beutel 500HT) ist bereits vom Hersteller zusammengebaut worden, so dass Ihnen hiermit etwas Arbeit erspart bleibt (Abb. 2.26). Die Schrauben sind allerdings nur locker eingedreht. Passen Sie daher auf, dass sie nicht ungewollt herausfallen!

Abb. 2.26: Innenleben des Heckrotorgehäuses

In Beutel 500HT5B befindet sich der bereits vormontierte Heckrotor. In den weiteren beiliegenden Tütchen finden Sie alle Komponenten, die Sie zur Anbringung des Heckrotors am Heckschuh benötigen (Abb. 2.27). In der Abbildung sehen Sie, wie auf die Heckrotorwelle zuerst die Heckrotorführung und anschließend die Welle mit den Heckrotorblatthaltern aufgeschoben werden muss. Zusätzlich ist markiert, wohin welche Kugelbolzen, Unterlegscheiben und Schrauben gehören. Die Montage wird im Folgenden detaillierter beschrieben:

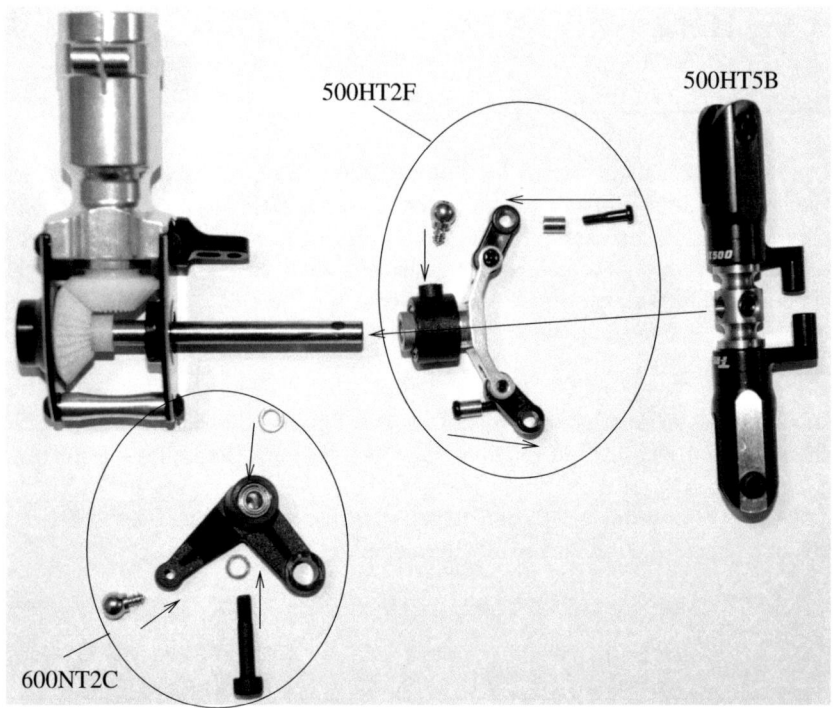

Abb. 2.27: Anbringung des Heckrotors

Schieben Sie die Anlenkhebel auf die große Heckwelle auf. Anschließend setzen Sie den Kugelbolzen in der Schiebehülse in die Führungsöffnung des Hebelarms. Das Ergebnis sollte wie in Abb. 2.28 aussehen.

In Abb. 2.29 sehen Sie, wie die Schrauben eingesetzt werden müssen, damit später die Blattanstellung der Heckrotorblätter über den Umlenkhebel gesteuert werden kann. Wichtig ist es, dass Sie die Hülsen über die Schrauben stülpen, bevor Sie die Hebel anschrauben. Nur so kann eine reibungsfreie Bewegung stattfinden.

Eine Einkerbung auf der Welle dient dazu, dass der Rotor so auf der Welle fixiert werden kann, dass er mit der Welle rotiert (Abb. 2.30).

Abb. 2.28: Aufgeschobener Heckrotoranlenkhebel

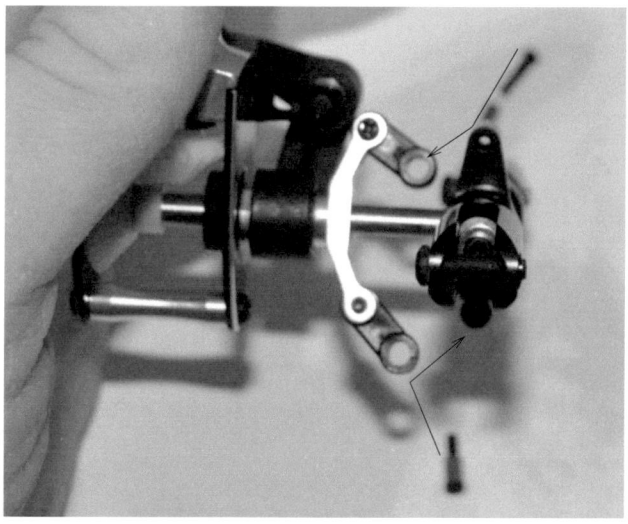

Abb. 2.29: Heckrotoranlenkung

2.4.2 Heckrohr

Wenn Sie den Beutel 500HT4 öffnen, werden Sie feststellen, dass auch das Heckrohrgehäuse fertig montiert wurde (Abb. 2.31). Die beiden Seiten wurden lediglich zusammengesteckt, denn sie müssen erst in einem späteren Schritt zusammengeschraubt werden. Dazu dienen die Schrauben aus dem Tütchen 500HT4A.

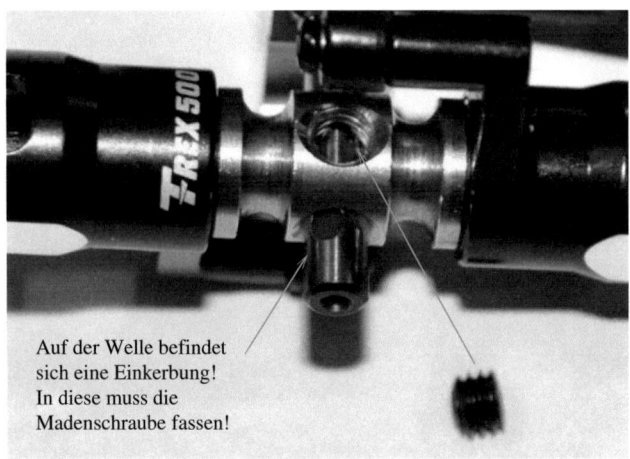

Auf der Welle befindet
sich eine Einkerbung!
In diese muss die
Madenschraube fassen!

Abb. 2.30: Eine Einkerbung auf der Welle dient dazu, den Rotor sicher auf der Welle zu fixieren.

Abb. 2.31: Inhalt der Packung 500HT4: Fertig zusammengebautes Heckrohrgehäuse und in einem separaten Tütchen die Schrauben zum Fixieren der beiden Heckrohrgehäusehälften

Widmen Sie sich nun dem Innenleben des Heckrohrs. Im Beutel 500HT3 finden Sie das Zubehör für das Heckrohr, die darin verlaufende Heckantriebswelle und die Verstrebungen, die zur Stabilität zwischen Heckrohr und Chassis verschraubt werden. Die empfindliche Antriebswelle befindet sich zum Schutz in einem längeren durchsichtigen Röhrchen. Entnehmen Sie diesem Beutel zunächst das Heckrohr, die Antriebswelle, das auch in diesem Tütchen enthaltene kleine Lager sowie die Gummimanschette. Die Manschette dient dazu, die Welle gerade durch das Heckrohr zu führen und keine Schlackerbewegungen im Betrieb zu erlauben. In diese Manschette müssen Sie das Lager einsetzen. Verkleben Sie das Lager fast mittig auf der Innenwelle mit Sekundenkleber. Die genaue Position können Sie der Abb. 2.32 entnehmen. Verwenden Sie etwas Fett auf der Außenseite der Gummimanschette, damit diese sich leichter ins Heckrohr einführen lässt.

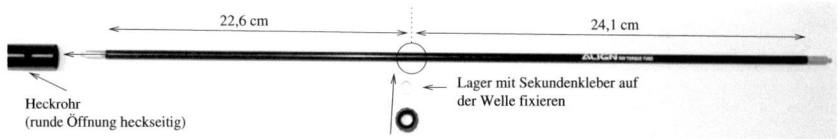

Abb. 2.32: Welle im Heckrohr

Beim T-Rex befindet sich der Heckservo auf dem Heckrohr. Für dessen Befestigung müssen Sie eine spezielle Vorrichtung am Heckrohr anbringen, damit der Servo darauf platziert werden kann. Sie finden die dazu benötigten Teile im Beutel 500HT3D. Die Befestigung erfolgt an der Seite des Chassis (Abb. 2.33).

Im gleichen Beutel finden Sie auch die beiden Führungsbügel, die dazu dienen, das Anlenkgestänge zwischen Heckservo und Heckrotor gerade entlang des Heckrohrs zu führen. Diese müssen Sie ebenso auf das Heckrohr aufstecken (Abb. 2.34). Es ist sicherlich nicht falsch, die Fixierung der jeweiligen Position erst zu einem späteren Zeitpunkt durchzuführen. Lassen Sie sich diese Freiheit, bis Sie das Gestänge tatsächlich eingesetzt haben und besser einschätzen können, an welcher Stelle eine Führung den meisten Sinn ergibt.

Führen Sie nun das Heckrohr vorsichtig in die Halterung für das Heckrohr ein. Das Heckrohr besitzt eine längere Einkerbung, damit es sich in der Halterung nicht verdrehen kann. In Beutel 500HT4A finden Sie die Schrauben zur Fixierung (Abb. 2.35). Beachten Sie, dass in diesem Beutel Schrauben unterschiedlichen Durchmessers enthalten sind - Sie benötigen

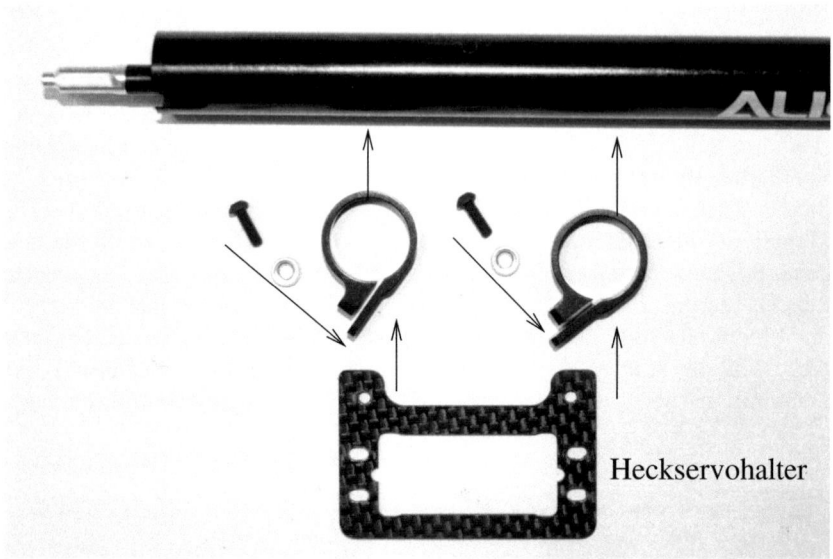

Abb. 2.33: Befestigung des Heckservohalters

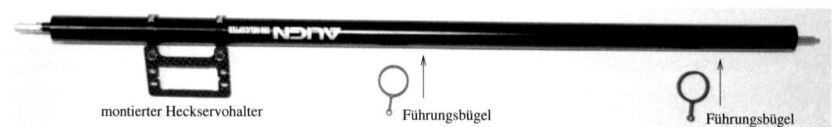

Abb. 2.34: Führungsbügel

die dickeren Schrauben mit 3 mm Durchmesser.

Im nächsten Schritt befestigen Sie die Leitwerke, die sich mitsamt der Befestigungsbauteile im Beutel 500HT2G befinden (Abb. 2.36 und Abb. 2.37).

Mit Hilfe der beiden zusätzlichen Schrauben am Befestigungsring des Höhenleitwerks können Sie abschließend die Verstrebungsstangen einhängen.

Setzen Sie auf das Heckanlenkgestänge zunächst nur einseitig einen Kugelbolzen auf. Führen Sie das Anlenkgestänge durch die Führungslaschen, bevor Sie den Kugelbolzen auch auf der anderen Seite aufdrehen. Hängen Sie das Gestänge am Umlenkhebel des Heckrotors ein. Es ist nicht so wichtig, dass ein genauer Abstand zwischen beiden Kugelbolzen des

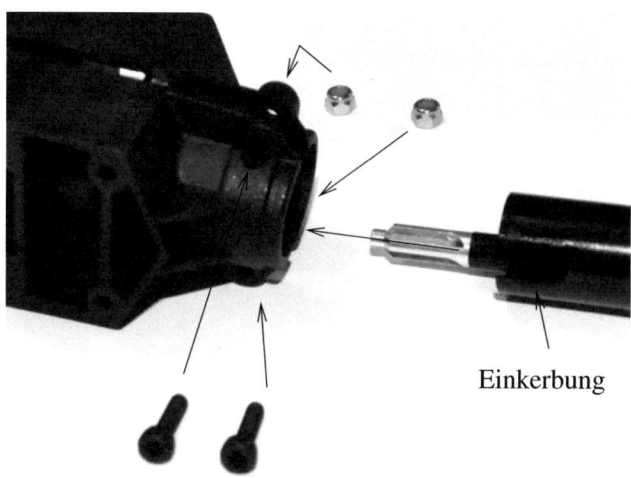

Einkerbung

Abb. 2.35: Heckrohrbefestigung

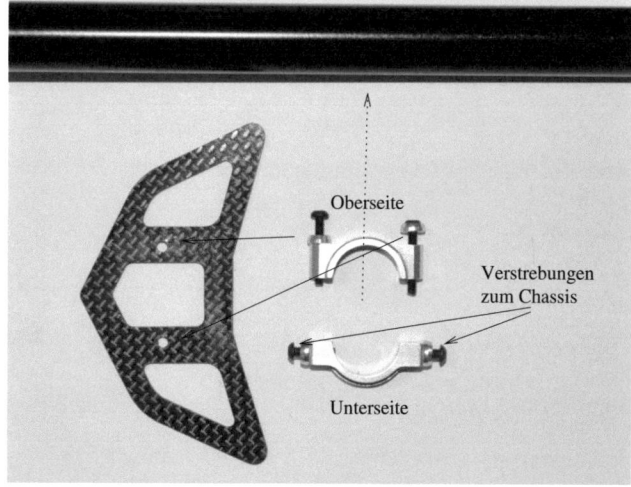

Oberseite

Verstrebungen
zum Chassis

Unterseite

Abb. 2.36: Höhenleitwerk

Anlenkgestänges eingehalten wird, denn zur Feinabstimmung können Sie
später die Positionierung des Heckservohalters variieren (Abb. 2.38).

Setzen Sie nun das Heckrohr mit seiner Halterung in das Chassis ein (Abb.

Abb. 2.37: Befestigung des Seitenleitwerks

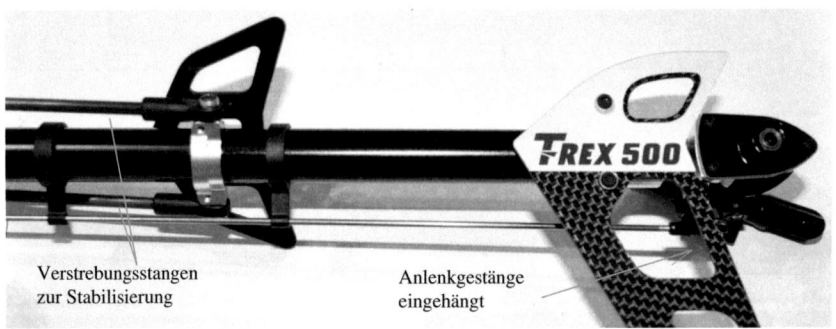

Abb. 2.38: Fertiges Heckrohr mit Verstrebungsstangen, Anlenkgestänge und Leitwerken

2.39). Die Schrauben dafür finden Sie in Beutel 500HT4A. Achten Sie darauf, dass die Laschen am Gehäuse in die entsprechenden Öffnungen im Chassis fassen.

Erinnern Sie sich daran, wie Sie die Schrauben für die Befestigung der Leitwerke aus dem Schraubentütchen entnommen haben? Zwei Schrauben sind übrig geblieben. Diese sind dazu gedacht, die Verstrebungsstangen am Chassis anzubringen (Abb. 2.40).

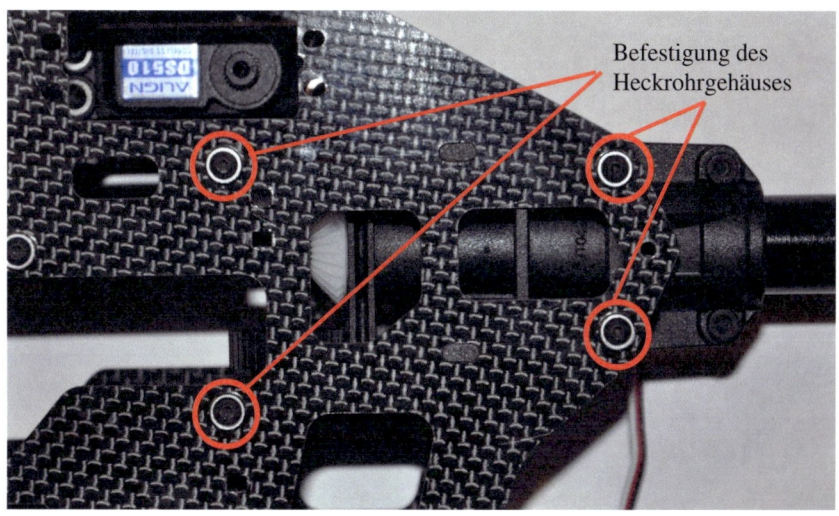

Befestigung des
Heckrohrgehäuses

Abb. 2.39: Einsetzen des Heckrohrgehäuses in das Chassis

Abb. 2.40: Verstrebungsstangen am Chassis befestigen

Als letzten Schritt zum Abschnitt *Heck* schrauben Sie nun den Heckservo auf den Halter am Heckrohr. Sie benötigen dazu Schrauben aus dem Beutel 500HZ006 (Abb. 2.41).

2.5 Antrieb

In Beutel 500HB2 finden Sie das Hauptantriebszahnrad, welches vom Hersteller schon fertig montiert wurde. Eigentlich handelt es sich um zwei

Abb. 2.41: Befestigter Heckservo

über einen Freilauf verbundene Zahnräder. Der Freilauf dient dazu, dass Sie im Falle eines Motorausfalls eine Landung per Autorotation durchführen könnten. Im Folgenden wird von *einem* Zahnradpaar gesprochen, da die Konstruktion aus zwei Zahnrädern besteht. Ist vom *Hauptzahnrad* die Rede, so ist das obere der beiden Zahnräder gemeint. Achten Sie beim Entnehmen des Zahnradpaars darauf, dass noch eine Schraube mit Mutter beiliegt, die zur Fixierung der Zahnräder auf der Antriebswelle dient. Außerdem benötigen Sie den Feststellring, den Sie aus Beutel 500HH11 entnehmen können. Dieser wird auf die Antriebswelle geschoben.

Setzen Sie die Mutter in die Öffnung des unteren Zahnrads ein. Gleichen Sie den Innenschaft und die Plastiköffnung so miteinander ab, dass Sie die große Schraube durch den Schaft schieben *könnten*. Anschließend schieben Sie das Zahnradpaar in das Chassis ein und führen die Antriebswelle von oben durch die beiden Zahnräder. Bei der korrekten Position der Antriebswelle können Sie die Schraube komplett durch den Schaft des unteren Zahnrads und der Antriebswelle stecken (Abb. 2.43). Über den Feststellring stellen Sie nun die genaue Höhe des Antriebszahnrads ein. Es ist wichtig, dass Sie die Madenschrauben des Feststellrings mit Schraubensicherungslack sichern, da die Hauptrotorwelle im Betrieb mit sehr hoher Geschwindigkeit rotieren wird und die richtige Position der Antriebswelle daher sehr wichtig ist! Nehmen Sie beispielsweise den von Align beigelegten Schraubensicherungslack T43.

Obwohl es für den späteren Betrieb wichtig ist, dass die Zähne vom Antriebsritzel des Motors und Hauptzahnrad perfekt ineinandergreifen, sollten Sie an dieser Stelle den Motor möglichst weit entfernt vom Zahnradpaar

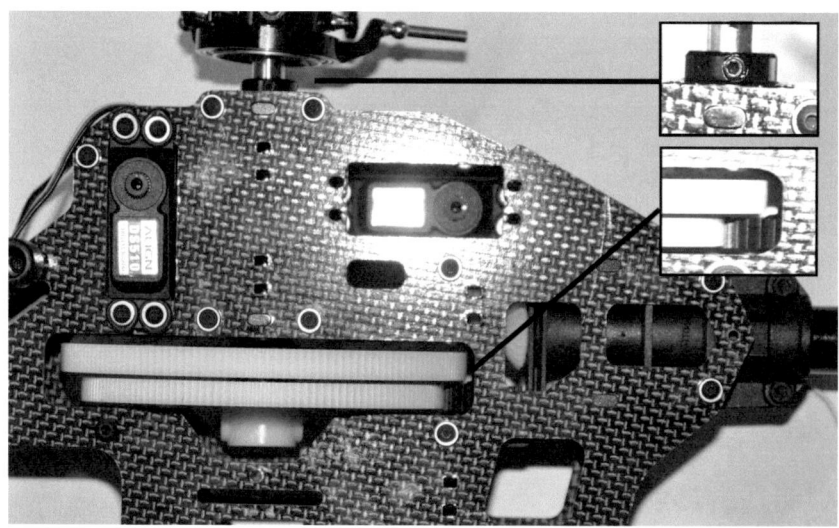

Abb. 2.42: Der Feststellring auf der Antriebswelle stellt sicher, dass sich die Welle nicht in der Hochachse bewegen kann. Die Zähne des unteren Zahnrads und des Heckantriebszahnrads müssen gut ineinandergreifen!

auf der Motorplatte befestigen. Wenn Sie im Kapitel 3 die elektronischen Komponenten einstellen, müssen Sie aufpassen, dass der Rotor nicht unbeabsichtigt zu drehen beginnt. Stellen Sie also schon jetzt sicher, dass keine ungewollte Kraftübertragung auf das Hauptzahnrad stattfinden kann. Erst nach Einstellung einiger elektronischer Komponenten dürfen Sie den Motor an die richtige Position schieben.

Damit der Hubschrauber seine Flugrichtung ändern kann, muss die Taumelscheibe in die zielführende Richtung ausgelenkt werden. Damit dies möglich ist, müssen Sie nun einige Gestänge mit Kugelbolzen versehen und in die Taumelscheibe einhängen (Abb. 2.44).

Damit die Taumelscheibe gegen unbeabsichtigte Verdrehungen geschützt ist, müssen Sie die Taumelscheibenführung ins Chassis einsetzen. Zur Befestigung werden die Haubenhalter praktischerweise verwendet. Die Komponenten befinden sich in Beutel 500HB1C. Zusätzlich benötigen Sie die kopflosen Schrauben aus Beutel 500HB1D (Abb. 2.45).

Der Motor mitsamt des Motorreglers ist in einer gesonderten kleinen Box verpackt. Sie benötigen zusätzlich die Befestigungsschrauben und das An-

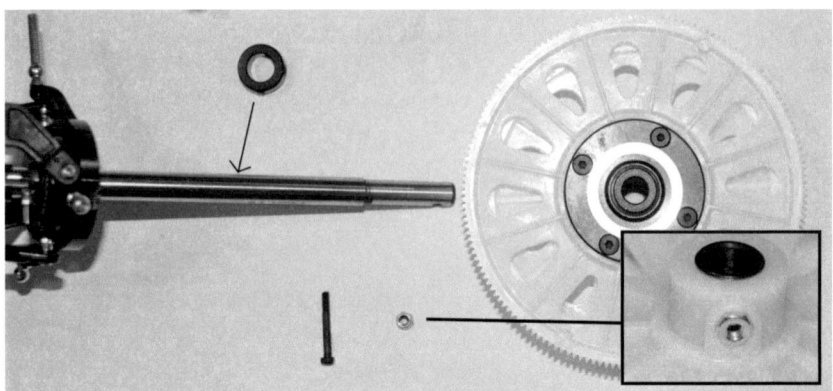

Abb. 2.43: Die Mutter passt in die Sechskantöffnung des Antriebszahnrads.

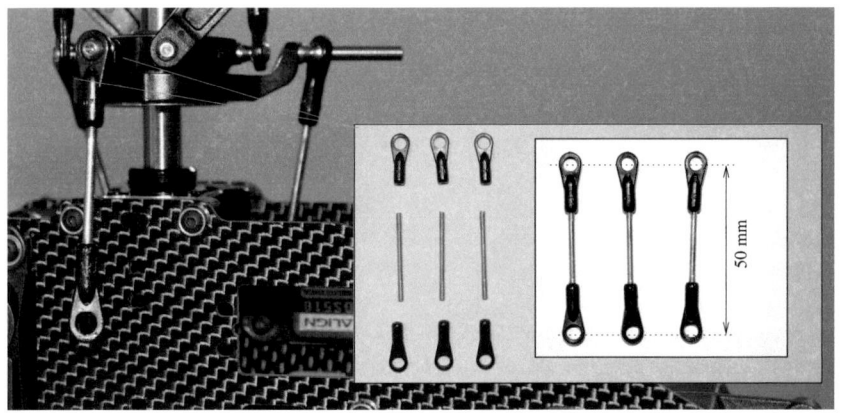

Abb. 2.44: Gestänge für die Anlenkung der Taumelscheibe

triebsritzel aus Beutel 500HZ5 (Abb. 2.46). Befestigen Sie zunächst den Motor an der Motorplatte. Dazu kann es hilfreich sein, wenn Sie die Akkurutsche zwischenzeitlich entfernen, damit Sie mit dem Schraubendreher besser an die Motorschrauben kommen. Anschließend schieben Sie das Ritzel auf die Motorwelle, tupfen etwas Schraubensicherungslack auf die Madenschraube und fixieren mit dieser nun das Ritzel.

Im Betrieb soll der Abstand des Motors vom Hauptzahnrad genau so groß sein, dass die Zähne von Motorritzel und Hauptzahnrad locker ineinandergreifen. Aus Sicherheitsgründen rät der Autor jedoch nochmals dazu,

Abb. 2.45: Befestigung der Taumelscheibenführung

den Motor zum jetzigen Zeitpunkt weiterhin möglichst weit vom Haupt-zahnrad entfernt auf der Motorplatte festgeschraubt zu lassen. Wenn Sie nämlich später die elektronischen Komponenten (Regler, Servo) program-mieren müssen, sollten Sie kein Risiko durch einen angetriebenen Rotor eingehen! Sorgen Sie jetzt vor und verhindern Sie in der aktuellen Bastel-phase bereits den Antrieb durch den Motor!

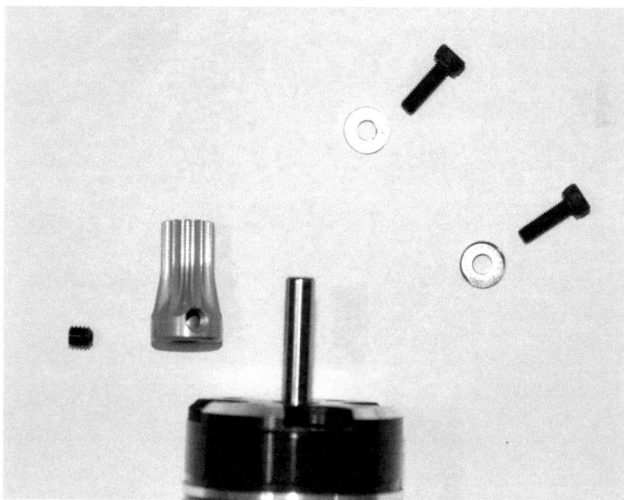

Abb. 2.46: Komponenten zur Befestigung des Motors und des Ritzels auf der Motorwelle

Ein Hubschrauber ist ein Hubschrauber, weil er über den für ihn typischen
Rotor in der Luft gehalten wird. Jetzt ist der Zeitpunkt gekommen, die
Rotorblätter zu befestigen! Dazu benötigen Sie die Schrauben und Mut-
tern aus Beutel 500HH1A sowie möglicherweise die beiliegenden Unterleg-
scheiben. Ob Sie die Unterlegscheiben benötigen, hängt von der Dicke der
Rotorblätter ab.

Befestigen Sie nun auch die Heckrotorblätter. Die dazu nötigen Schrauben
wurden vom Hersteller bereits in die Heckrotorblatthalter eingedreht.

Kapitel 3

Elektronik

3.1 Elektronische Komponenten

Der T-Rex 500 besitzt eine Größe, bei der es Ihnen als Bastler nicht schwerfallen sollte, die elektronischen Komponenten unterzubringen. Abb. 3.1 zeigt eine mögliche Variante der Positionen.

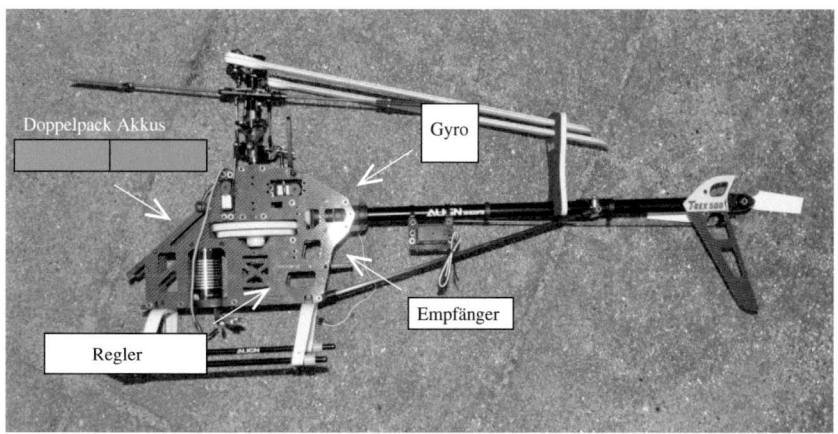

Abb. 3.1: Mögliche Platzierung der elektronischen Komponenten

Zu beachten ist bei der Befestigung von Gyro, Empfänger und Regler, dass ein gewisser Abstand zueinander eingehalten wird, damit sich die Komponenten nicht durch Störsignale gegenseitig beeinflussen können.

3.2 Spannungsversorgung

Die meisten Piloten setzen zur Spannungsversorgung zwei in Reihe geschaltete Lipo-Akkus ein. Damit wird eine Spannung von 22,2 Volt erreicht, mit der der Align-Regler RCE-BL60G im Rahmen seiner Spezifikation betrieben werden kann. Zwei Akkus mit einer Kapazität von bis zu 2400 mAh können hintereinander auf der Akkurutsche so untergebracht werden, dass die Haube noch problemlos aufgesetzt werden kann. Bei anderen Größen muss eventuell die Akkurutsche entsprechend anders eingesetzt werden. Je nach Format des Akkus kann es auch sinnvoll sein, diese nebeneinander auf die Akkurutsche zu platzieren (Abb. 3.2).

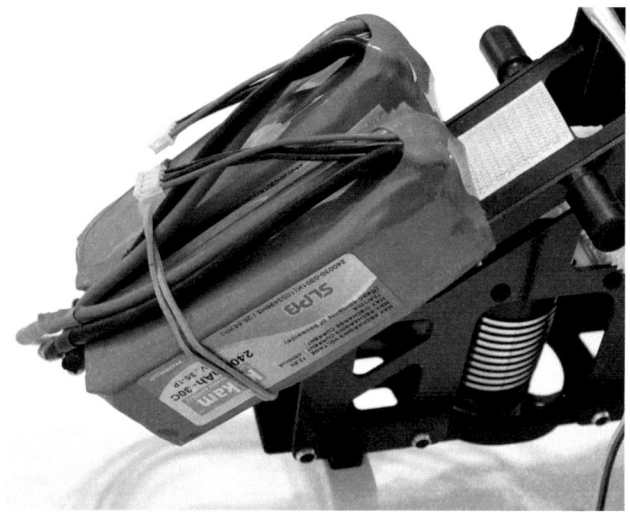

Abb. 3.2: Damit die Akkus unter die Haube passen, müssen sie möglicherweise nebeneinander angebracht werden.

Setzen Sie Klettband ein, damit die Akkus auf der Akkurutsche besseren Halt haben (Abb. 3.3). Dies reicht natürlich nicht als alleiniges Befestigungsmittel für normale Flugbedingungen aus.

Damit Sie die Akkus unabhängig voneinander laden können, sei an dieser

Abb. 3.3: Klettband hält die Akkus auf der Akkurutsche. Zusätzlich müssen die Akkus für einen sicheren Flug mit Bändern oder Kabelbindern fixiert werden.

Stelle die in Abb. 3.4 dargestellte Verschaltung vorgeschlagen. Sie benötigen einige Hochstromstecker (z. B. Japan- oder MPX-Stecker) für die Verbindungen. Um den Lötaufwand etwas zu reduzieren, können Sie auf vorkonfektionierte Adapterkabel zurückgreifen.

Das in Abb. 3.5 abgebildete Kabel wird im Handel als „Racing Adapterkabel" geführt und erspart Ihnen etwas Arbeit bei der Verlötung. Für einen sicheren Betrieb sollten Sie nur verpolungssichere Stecker wie beispielsweise die hier abgebildeten Japan-Stecker verwenden!

Bevor Sie das erste Mal eine Spannungsversorgung zum Regler herstellen, sollten Sie sich vergewissern, dass das Motorritzel nicht ins Hauptzahnrad greift. Gegebenenfalls lösen Sie die Motorschrauben, ziehen den Motor auf der Motorplatte ein wenig zum Bug und *schrauben* den Motor in dieser Position wieder fest! Der Motor besitzt eine derart große Kraft, dass er den Rotor beim ungewollten Anlaufen in eine wahre Häckselmaschine verwandeln könnte. Passen Sie daher besonders auf!

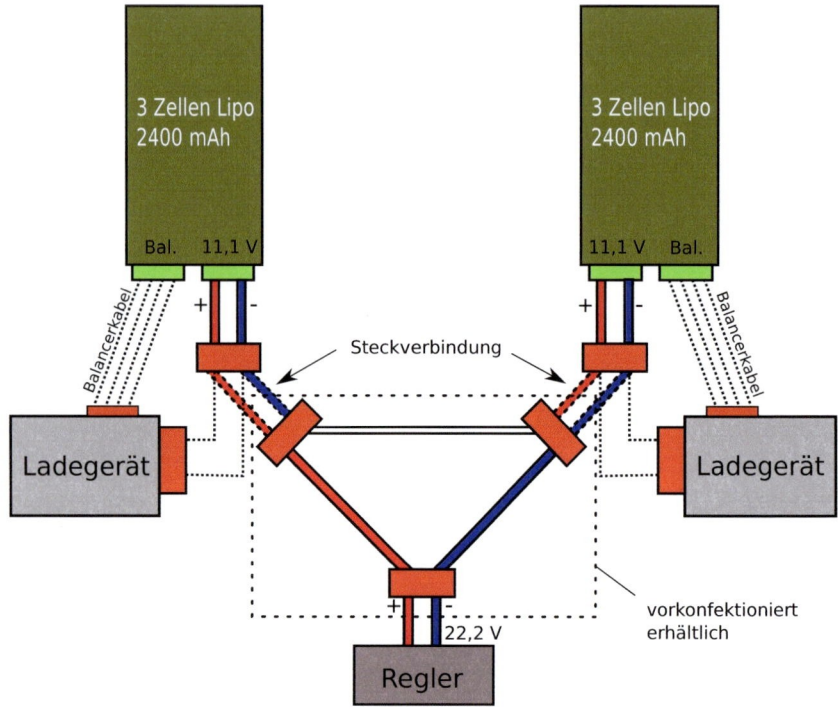

Abb. 3.4: Verschaltung von zwei 3-zelligen Lipo-Akkus in Serie

3.3   Regler und Motor verbinden

Verbinden Sie die Kabel des Reglers mit dem Motor. Der von Align beigelegte Motor ist so groß, dass dessen Stromkabel aus dem Chassis ragen. Damit die Kabel später nicht unschön auffallen, sollten Sie den Kabelstrang sofort wieder ins Chassis zurückführen (Abb. 3.6).

Verwenden Sie einen isolierenden Schrumpfschlauch, damit die Kabel keinen Kurzschluss verursachen können.

3.4   Verkabelung

Der Akku versorgt den Regler mit Gleichstrom. Der Regler produziert daraus einen Wechselstrom, um den bürstenlosen Motor anzutreiben. BEC steht für *battery eliminator circuit* und bezeichnet ein Bauteil, das einen

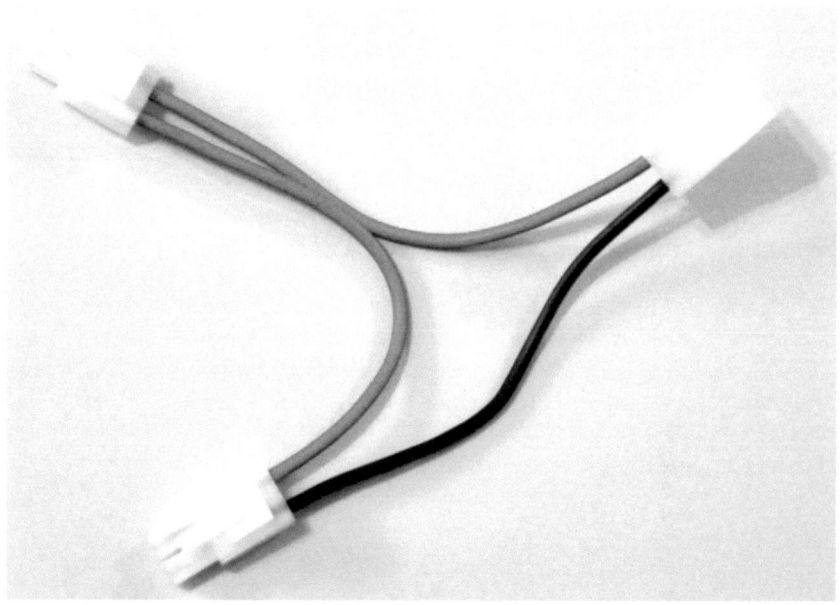

Abb. 3.5: Racing Adapterkabel

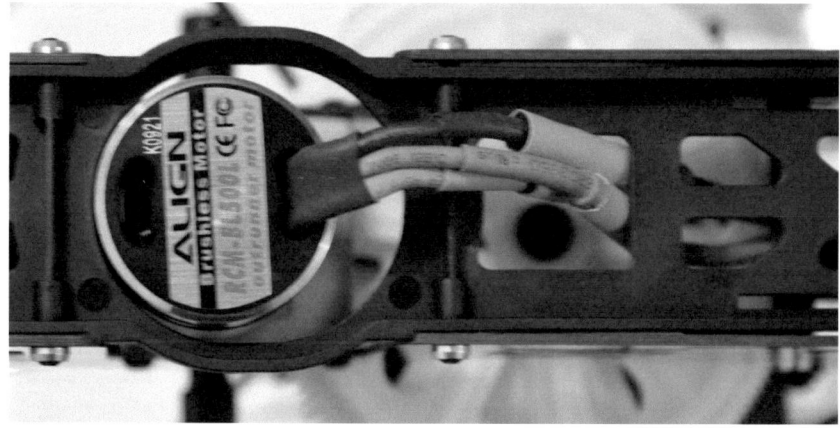

Abb. 3.6: Es sieht besser aus, wenn Sie die Verbindungskabel zwischen Motor und Regler wieder ins Chassis zurückführen.

anderen Schaltkreis mit Strom versorgt, damit dieser keine eigene Batterie benötigt. Im Modellbaubereich regelt ein BEC die Spannung eines Akkus

üblicherweise auf etwa 5 Volt herunter, um den Empfänger nicht zu über-
lasten. Dieser BEC kann *extern* als eigenes Bauteil realisiert oder bereits
herstellerseitig *intern* im Regler untergebracht sein. Entweder muss die
Stromzuführung über den BAT-Eingang im Falle eines externen BECs erfolgen oder über den Regleranschluss, falls der Regler ein internes BEC enthält. In der dem Autor vorliegenden T-Rex-Version liegt der BEC-Regler
Align RCE-BL60G bei, so dass bei Nutzung dieses Reglers keine externe
Stromversorgung für den Empfänger erforderlich ist.

Der Empfänger steuert die drei Taumelscheibenservos direkt über dünne
dreiadrige Kabel an. Der Heckservo wird indirekt über den Heckgyro gesteuert. Heckgyro und Empfänger werden üblicherweise über zwei Kabel
miteinander verbunden. Ein dreiadriges Kabel überträgt den Steuerim-
puls, ein einadriges Kabel übermittelt den Wert der für den Regelkreis zu
verwendenden Empfindlichkeit (Abb. 3.7).

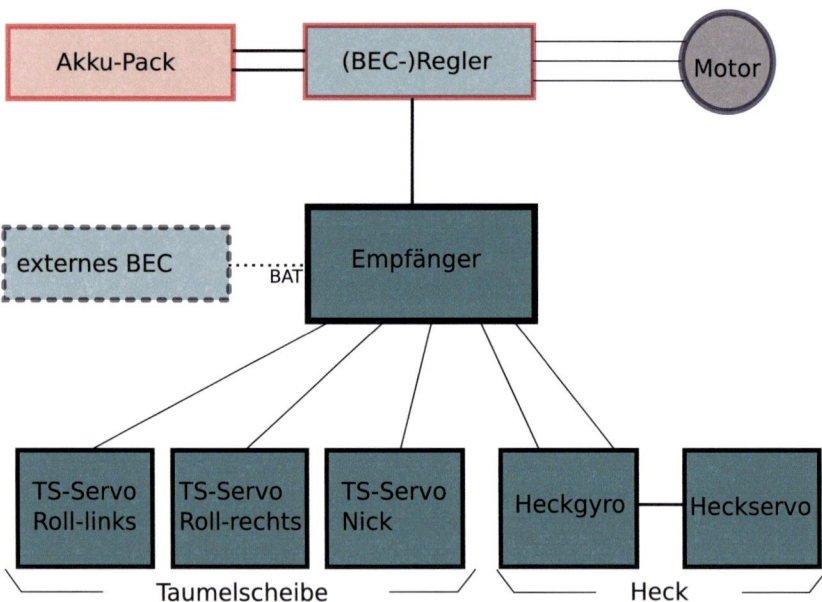

Abb. 3.7: Verkabelung der Komponenten

Wenn Sie die drei Adern des Reglers mit dem Motor verbinden, achten
Sie darauf, dass bei der Verbindung von Motor und Regler jeweils die
Anschlüsse gleicher Farbe zueinander gehören. Um Kurzschlüsse zu ver-
hindern, könnten Sie einen Schrumpfschlauch oder eine andere Isolierung

für die einzelnen Adern verwenden.

Der eingesetzte Sender bestimmt, über welchen Kanal welche Steuersignale gesendet werden. Je nach konfiguriertem Modell (Flächenflieger, Hubschrauber) und konfigurierter Taumelscheibe leitet der Sender die Gebersignale auf die verschiedenen Kanäle um bzw. mischt die Steuersignale vor der Weiterleitung. Das bedeutet, dass der Sender bestimmt, wie Sie die elektronischen Komponenten mit dem Empfänger verbinden müssen.

In Abb. 3.8 ist eine Tabelle dargestellt, die exemplarisch für die Sender *Graupner mx16-s* und *Futaba FF-10* die Kanalbelegung auflistet, wenn jeweils ein Hubschrauber-Programm mit 3-Punkt-Taumelscheibenanlenkung programmiert wurde.

Kanal	Graupner mx16-s	Futaba FF-10
1	Rollservo links	Rollservo rechts
2	Rollservo rechts	Nickservo
3	Nickservo	Reglersignal
4	Gyro-Steuersignal	Gyro-Steuersignal
5	-	Gyro-Empfindlichkeit
6	Reglersignal	Rollservo links
7	Gyro-Empfindlichkeit	-

Abb. 3.8: Exemplarisch aufgeführte Kanalbelegung für zwei verschiedene Sender

Vergleichen Sie sicherheitshalber diese Angaben mit den Angaben in der Herstelleranleitung zum Sender, da neue Senderversionen möglicherweise andere Belegungen vorsehen!

Sie müssen zu diesem Zeitpunkt noch nicht alle Servos mit dem Empfänger verbinden. Wenn Sie jedoch bereits jetzt die komplette Verkabelung vornehmen wollen, müssen Sie beim späteren Herstellen der Stromversorgung darauf achten, dass die Servos nicht irgendwo anschlagen und damit beschädigt werden.

3.5 Senderkonfiguration

Konfigurieren Sie am Sender einen Hubschrauber mit 120-Grad-Taumelscheibenanlenkung. Je nach Kombination aus Sender und Empfänger ist eine Kopplung (2,4 Ghz) oder ein Kanalabgleich (35/40 Mhz im PPM-Modus) vorzunehmen. Viele Empfänger besitzen einen kleinen Schalter, der dazu beim Einschalten gedrückt werden muss.

Wenn nach dieser Konfiguration die vom Sender ausgesandten Steuersignale eine Wirkung am Empfänger (z. B. Bewegung der Servos) verursachen, ist die Kopplung gelungen. Stimmt die resultierende Wirkung nicht mit dem beabsichtigten Ergebnis überein, können Sie davon ausgehen, dass die Programmierung des Senders angepasst werden muss, die Kopplung aber erfolgreich war.

Nun müssen Sie am Sender ein Heliprogramm auswählen. Eine wichtige Einstellung ist die Konfiguration der Taumelscheibe. Der T-Rex besitzt eine 120-Grad-Dreipunkt-Anlenkung. Stellen Sie eine Nullkurve als Heckbeimischung ein. Damit Sie den Regler konfigurieren können, benötigen Sie zunächst eine von Minimum auf Maximum ansteigende Gaskurve, denn die Programmierung geschieht über den Gasknüppel.

Schalten Sie zukünftig immer erst den Sender und anschließend den Empfänger ein. In umgekehrter Reihenfolge sind Empfänger und Sender wieder abzuschalten.

3.6   Konfiguration des Reglers

3.6.1   Eigenschaften des Reglers Align RCE-BL60G

Der in der Super-Pro-Box enthaltene Regler *Align RCE-BL60G* ist ein Regler für die Ansteuerung von bürstenlosen Motoren von 2 bis 10 Polen. Er beherrscht den *Governor*-Modus, das bedeutet, dass der Regler für eine konstante Rotordrehzahl sorgt. Das erspart die senderseitige Programmierung einer Gaskurve, die die erforderliche Kraft des Motors in Abhängigkeit vom Anstellwinkel der Rotorblätter berücksichtigt. Beim Betrieb eines Reglers im Governor-Modus sollte die Gaskurve stattdessen aus einem konstanten Wert bestehen. Außerdem besitzt der Regler einen Sanftanlauf, so dass der Rotor sanft auf seine eingestellte Zieldrehzahl gebracht wird. Der Regler kann mit 2- bis 6-zelligen Lipo-Zellen betrieben werden. Im Folgenden wird davon ausgegangen, dass zwei in Reihe geschaltete 3-zellige 11,1 V Lipo-Akkus mit einer Gesamtspannung von 22,2 V zum Einsatz kommen.

Servos können eine unterschiedliche Betriebsspannung erfordern. Der Regler Align RCE-BL60G kann verschiedene Betriebsspannungen stufenlos ermöglichen. Da zum Lieferumfang Servos des Typs Align DS510 beiliegen, die einen großen Spannungsbereich von 4,8 bis 6 Volt verkraften, müssen Sie die Spannung am Regler nicht mehr einstellen. Dieser besitzt defaultmäßig nämlich 5,5 Volt. Setzen Sie allerdings andere Servos ein, so dürfen Sie diese erst dann anschließen, wenn Sie den Regler auf die richtige Ausgangsspannung eingestellt haben!

3.6.2   Einstellung des Reglers

In der dem Autor vorliegenden Version wird der Regler nicht mit einer eigenen Anleitung geliefert. Stattdessen wird der Regler und dessen Konfiguration in der Anleitung zum Hubschrauber beschrieben.

Selbst ohne Konfiguration des Reglers ist der T-Rex 500 schon einsatzbereit, wenn er als drehzahlgesteuertes Modell benutzt wird. In der Grundeinstellung ist bereits die Motorbremse deaktiviert und ein Sanftanlauf vorprogrammiert, was zu den wichtigsten Einstellungen für Helikoptermodelle zählt. Da der Regler einen eingebauten Governor-Modus besitzt, der die Drehzahl unabhängig vom Widerstand konstant halten will, sollten Sie diese Möglichkeit nutzen. Das erspart Ihnen das mühsame Einstellen von geeigneten Gaskurven.

Die Vorgehensweise bei der Einstellung des Reglers ist bei allen Align-Reglern sehr ähnlich. Der Regler wird über Tonsignale eingestellt. Die Tonsignale werden jedoch nicht vom Regler selbst ausgegeben, sondern vom Motor. Es ist daher notwendig, dass Sie den Regler zur Konfiguration mit dem Motor verbinden. Sie sollten zum Schutz Ihrer Gesundheit sicherstellen, dass eine Kraftübertragung des Motors auf die Antriebszahnräder unmöglich ist. Ein schnelldrehender Rotor kann mit seinen scharfen Rotorblättern erhebliche Verletzungen verursachen! Aus diesem Grund wurde in Kapitel 2.5 dazu geraten, den Motor möglichst weit vom Hauptzahnrad entfernt auf der Motorplatte zu verschrauben. Prüfen Sie sicherheitshalber, dass Motorritzel und Hauptzahnrad nicht ineinandergreifen!

Verbinden Sie nun den Motorkanal des Empfängers mit dem Regler. Welcher Kanal das sein wird, müssen Sie der Anleitung des Senders entnehmen. Wie in Abschnitt 3.4 beschrieben, ist die Kanalbelegung je nach Senderhersteller und Konfiguration unterschiedlich.

Die Einstellung des Reglers geschieht durch das Senden von Signalen auf
dem Motorkanal. Dazu ist es notwendig, dass Sie den Sender entsprechend eingerichtet haben. Natürlich könnten Sie wahrscheinlich bereits mit
den Default-Einstellungen des Senders die Reglerkonfiguration vornehmen.
Aber da Sie ihn ohnehin für die Steuerung konfigurieren müssen, können
Sie ebenso jetzt alle Grundparameter einstellen.

In der Grundeinstellung wird der Sender üblicherweise eine von 0 bis 100 %
linear ansteigende Gaskurve voreingestellt haben. Das ist für die Einstellung des Reglers ausreichend. An späterer Stelle (Abschnitt 3.10) wird
darauf eingegangen, dass für den Flugbetrieb eine andere Gaskurve sinn-
voller ist. Wenn Sie den Akku verbinden und der Regler mit Strom versorgt
wird, wertet er das Signal auf dem Motorkanal aus. Liegt ein Minimalsignal an, so schaltet der Regler in den Normalmodus. Steht der Knüppel
des Motors jedoch auf Maximal, so geht der Regler in den Einstellungsmodus über. Dies erkennen Sie durch zwei schnell an- und wieder absteigende
Tonsequenzen. Ist dies nicht der Fall, so prüfen Sie, ob Sie Maximal- und
Minimalsignal möglicherweise vertauscht haben. Moderne Computersender
besitzen so viele Einstellmöglichkeiten, dass es leicht zu Verwechslungen
kommen kann.

Haben Sie den Einstellungsmodus erfolgreich aufgerufen, schieben Sie nun
den Knüppel wieder in die Minimalposition. Nach einiger Zeit werden Sie
Tonsignale mit gewissen Frequenzen hören, anhand derer Sie erkennen,
welche Einstellung der Regler jetzt konfigurieren möchte. Je nach Tonfolge
müssen Sie nun den Knüppel in die Position schieben, die der gewünschten
Einstellung entspricht. Nach der Einstellung eines Parameters hören Sie
eine Bestätigungstonsequenz. In Abb. 3.9 sind Vorschläge aufgeführt, wie
eine sinnvolle Einstellung aussehen könnte. Am Ende der Einstellungen
können Sie den Regler wieder vom Akku trennen.

Tonsignal	Bedeutung	Knüppel	Wirkung
♩ ⋯ ♩ ⋯ ♩	Motorbremse	Min	keine Bremswirkung
♫ ⋯ ♫ ⋯ ♫	Elektronisches Timing	Mitte	6-Pol Innen-/Außenläufer
♬ ⋯ ♬ ⋯ ♬	Schutzabschaltung	Min	Leistungsreduzierung bei 3.2V/Zelle
♬♩ ⋯ ♬♩ ⋯ ♬♩	Flugmodell	Max	Governormode mit Sanftanlauf
♬♫ ⋯ ♬♫ ⋯ ♬♫	Antwortverhalten	Mitte	mittlere Einstellung
♬♬ ⋯ ♬♬ ⋯ ♬♬	BEC Ausgangsspannung	Mitte	5,5 Volt

Abb. 3.9: Regler-Einstellung

Prüfen Sie die Übernahme der Einstellungen, indem Sie den Regler mit minimaler Knüppelposition wieder einschalten. Wenn der Gaswert auf Minimum steht, wird der Regler eine Tonfolge produzieren, die die aktuelle Konfiguration hörbar darstellt (Abb. 3.10). Bei einem schnellen Schieben des Knüppels auf die Maximalposition sollte der Motor sanft anlaufen. Daran erkennen Sie, dass der Regler Ihren Einstellwunsch nicht ignoriert und den Sanftanlauf aktiviert hat.

Motorbremse	Elektronisches Timing	Schutz-abschaltung	Flugmodell	Antwort-Verhalten
◻	◻ ◻	◻	◻ ◻ ◻	◻ ◻

Abb. 3.10: Tonfolgen zur Kontrolle der Reglerkonfiguration

3.7 Taumelscheibenservos

Die meisten Piloten verwenden eine einarmige Anlenkung durch die Servos, die bei der direkten Anlenkung der Taumelscheibe bei einem Modell wie dem T-Rex 500 angemessen ist. Den mitgelieferten Servos vom Typ DS510 liegen verschiedene Servoarme bei, unter anderem auch einarmige. Sollten Sie andere Servos einsetzen, können Sie deren Servoarme leicht mit einer Zange kürzen (Abb. 3.11). In Beutel 500HZ7 finden Sie Kugelköpfe zum Eindrehen in die Servoarme.

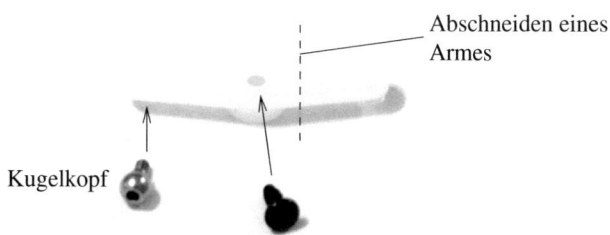

Abschneiden eines Armes

Kugelkopf

Abb. 3.11: Servoarm bei einseitiger Verwendung kürzen

Wenn Sie die Taumelscheibenservos noch nicht mit dem Empfänger verbunden haben, so müssen Sie dies jetzt nachholen. Schalten Sie Sender und Empfänger ein. Wenn Sie die Knüppel auf die Neutralposition stellen, werden die Servos ihre Mittelposition anfahren. Es kann störend sein, wenn damit auch der Motor mitläuft (eine temporär eingestellte Nullkurve als Gaskurve verhindert dies). Schalten Sie anschließend den Empfänger aus, so behalten die Servos ihre aktuelle Mittelposition. Schrauben Sie in diesem Zustand die Servoarme so auf, dass diese ebenfalls die Mittelposition einnehmen.

Im nächsten Schritt muss die Wirkrichtung der Servos am Sender eingestellt werden. Die Mechanik des T-Rex 500 sieht vor, dass beim Heben der Taumelscheibe der Pitchwert (Anstellwinkel der Rotorblätter) erhöht wird, was in Folge zum Aufsteigen des Modells führt. Dazu ist es erforderlich, dass alle Servos bei einer Bewegung des Pitchknüppels Richtung Maximalwert eine Bewegung der Servoarme nach oben Richtung Taumelscheibe vollziehen (Abb. 3.12). Bei den Servos, die eine entgegengesetzte Bewegung ausführen, muss die Wirkrichtung des entsprechenden Kanals umgekehrt werden.

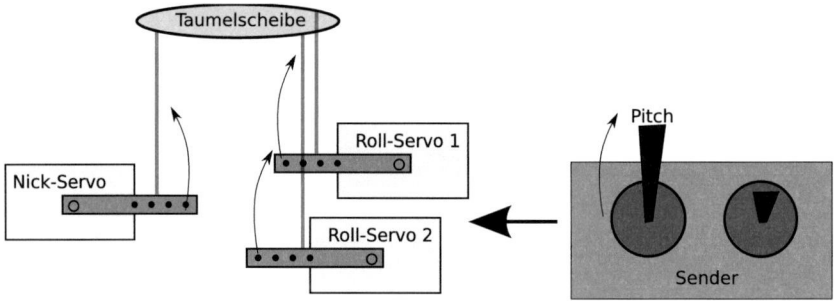

Abb. 3.12: Die Wirkrichtung der Servos ist korrekt konfiguriert, wenn beim Erhöhen des Pitchwertes alle Taumelscheibenservoarme eine Bewegung nach oben vollziehen.

Testen Sie nun die Taumelscheibenanlenkung bei Nick- und Roll-Steuerkommandos. Die Taumelscheibe muss sich bei eingehängten Anlenkgestängen in die Richtung neigen, in die der Hubschrauber steuern soll. Soll er beispielsweise nach rechts rollen, so muss sich die Taumelscheibe auf der rechten Seite neigen, während sie sich auf der linken Seite hebt. Stimmt die Wirkrichtung nicht, sollten Sie die Wirkrichtung der Knüppel kontrollieren. Wichtig ist die Tatsache, dass die Taumelscheibe bei reinen Nick- oder Roll-Bewegungen ihre vertikale Position nicht ändert! Ist das der Fall, so sollten Sie im Sendermenü prüfen, ob Sie tatsächlich den richtigen Taumelscheibentyp eingestellt haben.

Testen die den Verfahrweg mit eingehängten Taumelscheibengestängen. Achten Sie darauf, dass sich die Rotorblätter frei bewegen können und nicht die Paddel einklemmen. Stoßen die Servoarme irgendwo an, muss der Servoweg gekürzt werden. Möglicherweise ist eine Feinjustage des Mittelpunkts notwendig. Mechanisch können Sie dazu den Servoarm entsprechend aufsetzen bzw. den Abstand des Kugelkopfs zum Drehpunkt des Arms geeignet wählen. Komfortabler ist jedoch die Einstellung des Verfahrweges im Sender.

3.8 Pitchkurve

Im vorangegangenen Abschnitt haben Sie sich um den Verfahrweg der Taumelscheibe gekümmert. Die resultierenden Pitchwerte der Rotorblätter wurden jedoch noch nicht betrachtet. Wenn Sie die Anlenkgestänge so konfektioniert haben, wie es der Hersteller in seiner Anleitung vorgegeben hat (siehe Abb. 2.10, 2.14 und 2.44), sollte die Erstellung einer geeigneten Pitchkurve im Sender ausreichen, um den gewünschten Pitchbereich abzudecken. Außerordentliche Pitchwerte können Sie über eine mechanische Anpassung der Anlenkgestänge erreichen.

Für den Anfang können Sie folgende Zielwerte verwenden:

- Wenn der Hubschrauber in der Mittelposition des Pitchknüppels schon abheben soll, muss in dieser Position ein Pitchwert von etwa +5 Grad anliegen

- Profis werden den Pitchbereich symmetrisch halten, um einen Rückenflug genauso gut steuern zu können wie den „normalen" Flug. Als Anfänger sollten Sie nur geringe negative Pitchwerte erlauben, um große Sinkgeschwindigkeiten zu vermeiden.

In Abb. 3.13 sind zwei mögliche Pitchkurven dargestellt: Einsteiger, die mit dem Hubschrauber Schwebe- und Rundflüge absolvieren möchten, werden eine Pitchkurve am Sender einstellen, die einen großen positiven Pitchbereich abdeckt, dabei aber nicht an die Grenzen geht. Wer jedoch einen 3D-Flug machen möchte, muss zwecks Rückenflug ebenso den negativen Pitchbereich ausreichend abdecken. Erfahrene Piloten möchten das Maximale aus ihrem Modell herausholen und werden deshalb die maximal möglichen Pitchwerte konfigurieren. Moderne Computersender erlauben die Definition verschiedener Flugphasen mit eigenen Pitchkurven. Dabei

ist jedoch zu beachten, dass die Kurvenwerte für eine weiche Umschaltung
im Flug an den Knüppelmittelpositionen nahe beieinander liegen sollten.

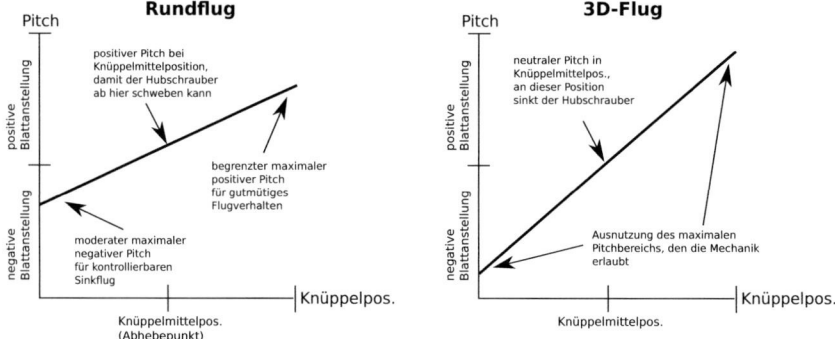

Abb. 3.13: Mögliche Pitchkurven im Vergleich

3.9 Heckgyro

Heutige Modellhubschrauber diesen Rotortyps werden mit einer elektronischen Stabilitätshilfe geflogen, die das Heck gegenüber dem Einfluss des
Drehmoments des Hauptrotors stabil hält. Wenn Sie den Hubschrauber mit
einer elektronischen Horizontalstabilisierung fliegen wollen, können Sie diesen Abschnitt überspringen, weil heutige Horizontalstabilisierungsmodule
auch eine Heckstabilisierung ermöglichen (Kapitel 4). Anderenfalls müssen Sie sich nun damit beschäftigen, wie Sie einen dedizierten Heckgyro
einbauen und konfigurieren.

Sowohl der Hersteller Align als auch andere Anbieter haben Gyros auf dem
Markt, die für den T-Rex 500 geeignet sind. Für diese Gewichtsklasse wird
vielfach der Gyro *GY 401* von Robbe-Futaba eingesetzt, dessen Einbau
und Konfiguration in diesem Abschnitt beispielhaft beschrieben wird.

Gyros beinhalten einen sehr empfindlichen Regelkreis. Daher ist es wichtig, dass sie möglichst vibrationsarm auf dem Chassis montiert werden.
Zu diesem Zweck liegen dem GY 401 Klebeplättchen aus Schaumstoff bei.
Verwenden Sie ein solches Klebeplättchen, um den Gyro auf dem Chassis zu befestigen. Die Sensorhochachse sollte parallel zur Hauptrotorwelle
ausgerichtet sein!

Aus dem Gyro werden drei Kabel herausgeführt: Eines der Kabel besteht
aus nur einer Ader. Über dieses kann die Empfindlichkeit des Gyros im

Abb. 3.14: Gyro vibrationsarm auf einem Schaumstoffplättchen montieren

laufenden Betrieb senderseitig eingestellt werden. Es wird daher mit dem entsprechenden Empfängeranschluss (siehe Abb. 3.8) verbunden. Diesem Kanal weisen Sie idealerweise einen stufenlosen Geber am Sender zu. Die beiden anderen jeweils dreiadrigen Kabel unterscheiden sich nur in ihrem Stecker. Ein Kabel passt in den Gyro-Empfängeranschluss, das andere muss mit dem Heckservo verbunden werden.

Der Gyro besitzt einen winzigen mit *DS* beschrifteten Schiebeschalter auf der Oberseite (Abb. 3.15). Wenn Sie einen analogen Heckservo angeschlossen haben, muss dieser Schalter zwingend auf *OFF* stehen, um den Servo nicht zu beschädigen! Der andere Schiebeschalter bestimmt die Wirkrichtung des Gyros. Eine LED-Leuchte zeigt den Status des Gyros an. Unter anderem können Sie daran erkennen, in welchem Arbeitsmodus der Gyro arbeitet. Mit den beiden Drehreglern haben Sie Einfluss auf die Verzögerung (wie schnell reagiert der Gyro auf Impulse?) und die Wegbegrenzung des Servos. Die Verzögerungseinstellung ist später wichtig, um den Regelkreis optimal auf das Model und den Flugstil auszurichten.

Konfigurieren Sie den Sender so, dass keine Heckbeimischung aktiv ist. Das bedeutet, dass das Signal für die Heckbewegung nur von der Position des Heckknüppels abhängt und keine anderen Knüppelwerte auf das Signal gemischt werden.

Der Gyro besitzt zwei Arbeitsmodi: Im *Normalmodus* versucht der Gyro nur das Drehmoment auszugleichen. Im *AVCS-Modus* hingegen integriert der Gyro die Werte der unbeabsichtigten Drehbewegungen um die Hoch-

Digital– oder
Analogservo
angeschlossen

Wirkrichtung

Arbeitsmodus
(AVCS/Normal)
und Status

Verzögerungs–
einstellung

Wegbegrenzung

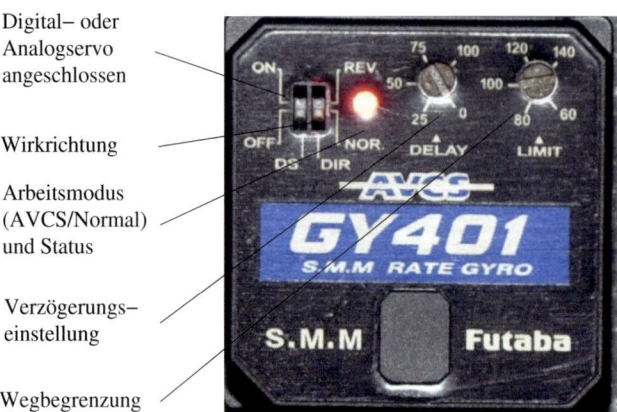

Abb. 3.15: Schalter und Anzeigen des GY 401

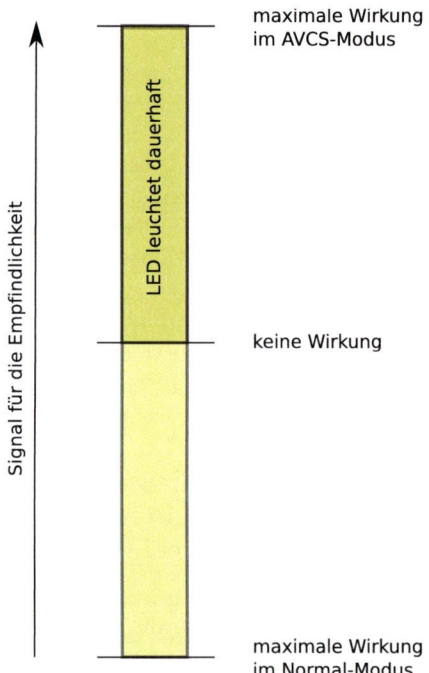

Abb. 3.16: Wirkung des Signals für die Gyro-Empfindlichkeit auf den Arbeitsmodus des Gyros

achse und versucht den Hubschrauber wieder auf den Ausgangswinkel zurückzudrehen.

Üblicherweise wird der Gyro zunächst im Normalmodus konfiguriert und anschließend wird die Neutralposition für den AVCS-Modus übernommen. Mit dem Empfindlichkeitsregler am Sender können Sie den Arbeitsmodus bestimmen (Abb. 3.16). Ein Signal über 50 % versetzt den Gyro in den AVCS-Modus. Bei genau 50 % hat der Gyro allerdings keine Wirkung, diese wird jeweils Richtung Minimal- bzw. Maximalsignalwert vergrößert.

Beim Einschalten aller Komponenten sollte der Heckservohebel im 90°-Winkel zum Servogehäuse stehen. Das garantiert eine symmetrische Anlenkung.

Bewegen Sie nun den Heckknüppel. Wenn sich der Servo in die falsche Richtung bewegt, müssen Sie die Kanalumkehr für den Heckkanal aktivieren.

Testen Sie anschließend, wie der Gyro auf stoßartige Drehbewegungen des Modells um seine Hochachse reagiert. Versucht der Gyro die Bewegung durch eine korrekte Wirkrichtung des Servos auszugleichen? Ist das nicht der Fall, so müssen Sie die Wirkrichtung am Minischalter des Gyros umkehren.

Bevor Sie nun den Hubschrauber in die Freiheit entlassen, müssen Sie noch die Servowegbegrenzung am Gyro einstellen. Wenn Sie den Heckknüppel an die Minimal- und die Maximalposition fahren, darf der Servo nicht anschlagen. Passiert dies doch, so müssen Sie die Limit-Einstellung am Gyro über den Minidrehregler auf dessen Oberseite einstellen.

Später werden Sie im Flug einige mechanische Feinarbeiten vornehmen müssen, damit die Anlenkung tatsächlich symmetrisch ist. Ebenso werden Sie erst im Flugbetrieb die geeignete Empfindlichkeitseinstellung finden können. Für detailliertere Informationen zur Einstellung sei an dieser Stelle auf die Anleitung des Herstellers verwiesen.

3.10 Gaskurve

Je höher die Rotationsgeschwindigkeit des Rotors ist, desto aggressiver kann der T-Rex 500 geflogen werden. Eine geringere Umdrehungszahl hat dagegen ein *weicheres* Flugverhalten zur Folge. Eine Umdrehungszahl au-

ßerhalb der Spezifikation gilt es aus Sicherheitsgründen dringend zu vermeiden. Ist die Umdrehungszahl zu gering, wird das Modell nicht abheben
oder nur sehr schwerfällig auf Steuerbewegungen reagieren. Ist sie zu hoch,
so ist nicht nur die Leistungsaufnahme sehr groß, sondern steigt auch die
Gefahr einer Überbeanspruchung des Materials. In Abhängigkeit vom verfügbaren Pitchbereich und dem bevorzugten Flugstil sollten daher gewisse Grenzen nicht unter- oder überschritten werden. Bitte entnehmen Sie
einen geeigneten Zielwert aus der Tabelle „Power Collection Reference" in
der Anleitung des Herstellers.

Im Abschnitt zur Reglereinstellung wurde beschrieben, wie Sie den
Governor-Modus des Reglers konfigurieren. Konfigurieren Sie am Sender
daher eine konstante Gaskurve, zunächst sehr moderat unter 60 % (Abb.
3.17). Idealerweise aktivieren Sie am Sender auch eine Autorotationsphase,
in der der Motor nicht angetrieben wird. Diese können Sie zum Ein- und
Ausschalten des Modells verwenden.

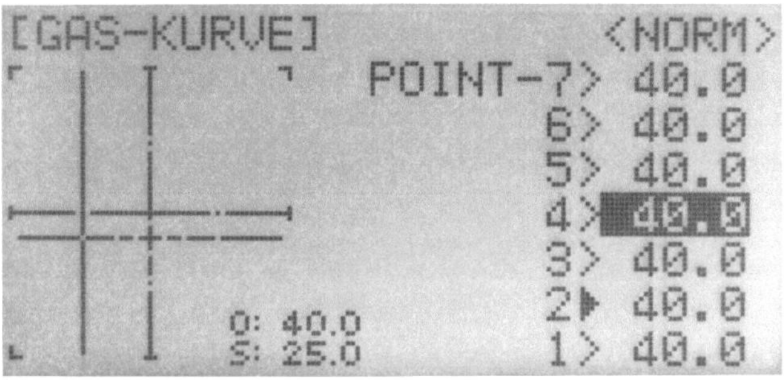

Abb. 3.17: Einstellung einer konstanten Gaskurve am Sender

Vorsicht, jetzt wird es gefährlich! Sie müssen für die Einstellung am „scharfen" Modell testen. Prüfen Sie noch einmal sicherheitshalber die Einstellungen für die Pitchkurve, auch im eben angesprochenen Autorotationsmodus!
Schieben Sie den Motor nun auf der Motorplatte Richtung Antriebszahnrad. Der Motor kann jetzt den Rotor antreiben.

Mit genügend Abstand und unter Beachtung aller gesetzlichen Regelungen
starten Sie den T-Rex 500. Nutzen Sie die Autorotationsphase, während
Sie sich in einer gefährlichen Nähe zum Modell befinden. Prüfen Sie mit
kleinen Steuerausschlägen, ob der T-Rex 500 so reagiert, wie Sie es er-
warten. Messen Sie die Drehzahl des Hauptrotors mit einem geeigneten
Messgerät. Stimmt die Drehzahl nicht, so müssen Sie diese über die Anpassung der Gaskurve im Sender optimieren.

3.11 Spurlauf

Ohne Feinjustage werden die beiden Hauptrotorblätter wahrscheinlich in unterschiedlicher Höhe rotieren (3.18). Damit ist zwar prinzipiell ein Flug möglich, aber Sie werden das Gefühl haben, dass der Rotor unsauber rotiert. Je ungenauer der Spurlauf eingestellt ist, desto stärker wird der Hubschrauber vibrieren und als Folge das Material beansprucht. Darüber hinaus stören Vibrationen den empfindlichen Regelkreis eines Gyros.

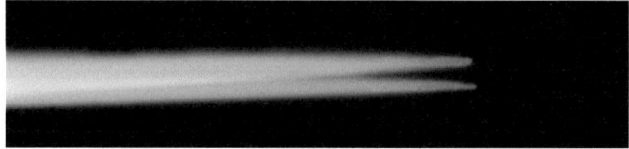

Abb. 3.18: Ist der Spurlauf nicht korrekt eingestellt, so rotieren die beiden Rotorblätter auf unterschiedlicher Höhe

Längenänderungen wirken auf den Spurlauf

Abb. 3.19: Einstellung des Spurlaufs

Für die Einstellung des Spurlaufs müssen Sie den Hubschrauber so weit entfernt von Ihnen aufstellen, dass Sie bei seitlicher Ansicht die Rotorebene

noch deutlich erkennen können. Idealerweise befinden Sie sich während der
Rotorbewegung hinter einer Schutzscheibe.

Um den Spurlauf einzustellen, markieren Sie die Rotorblattenden mit Auf-
klebern unterschiedlicher Farbe. Lassen Sie den Rotor mit der Zieldrehzahl
rotieren und vergrößern Sie den Pitch so lange, bis dass der Hubschrauber
kurz vor dem Abheben ist. Anhand der unterschiedlichen Farbmarkierun-
gen können Sie erkennen, welches Rotorblatt höher rotiert. Verändern Sie
die Anlenkung wiederholend, bis beide Rotorblätter auf gleicher Höhe rotieren. In Abb. 3.19 sehen Sie, welches Anlenkgestänge Sie dazu verändern
müssen.

Kapitel 4

Horizontalstabilisierung

4.1   Der „Stabi"

Ein Hubschrauber ist physikalisch gesehen kein eigenstabiles Fluggerät.
Er hat immer die Tendenz, in eine Richtung auszubrechen. Aufgabe des
Piloten ist es während des gesamten Fluges, diesen ungewollten Bewegungen
durch geeignete Korrektursignale gegenzusteuern. Je besser der Pilot
dabei geübt ist, desto ruhiger wird der Flug auf den Betrachter wirken.
Insbesondere bei Schwebeaktionen zeigt sich das Können des Piloten.

Damit die Steuerung überhaupt möglich ist, besitzen Modellhubschrauber
ohne elektronische Horizontalstabilisierung im Gegensatz zu ihren schwe-
ren Vorbildern einen aus zwei Paddeln bestehenden Hilfsrotor, der sich
zusätzlich am Hauptrotor befindet. Dieser Hilfsrotor dient dazu, dem Ro-
torsystem eine gewisse Trägheit zu verleihen. Es gibt Ausnahmen, aber
in der Regel sind die Reaktionszeiten eines Menschen zu lang, um einen
Hubschrauber ohne Paddel und elektronische Hilfsmittel über längere Zeit
fliegen zu können.

Ebenso lässt sich ein Hubschrauber prinzipiell auch ohne Heckgyro fliegen.
Bei den ersten Modellen war dies auch der Fall, aber das Ausgleichen
des Drehmoments vom Hauptrotor erfordert so viel Konzentration, dass
die heutigen elektronischen Gyros mit ihren ausgereiften Regelkreisen eine
erhebliche Erleichterung für den Piloten darstellen. Pro und Contra eines
elektronischen Heckgyros werden mittlerweile nicht mehr diskutiert - nur
sehr wenige Modellflieger möchten auf diesen Komfort verzichten.

Bei der Horizontalstabilisierung sieht die Situation jedoch (noch) etwas
anders aus. Viele Piloten bevorzugen immer noch die rein durch Paddel
erreichte Horizontalstabilisierung und sind der Meinung, dass das Fliegen
langweilig wird, wenn die Elektronik zu viel Arbeit abnimmt.

Tatsächlich ist es so, dass die modernen Produkte erstaunliche Fähigkeiten
besitzen. Im Idealfall kann der Pilot die Steuerknüppel aus der Hand nehmen und der Hubschrauber bleibt auf der Stelle schweben. Selbst Flugfi-
guren wie der Rückenflug sind mit heutigen elektronischen Lösungen auch
für Einsteiger fliegbar. Insbesondere Einsteiger können mit „Stabis" die
Anzahl der Abstürze während der Lernphase im optimalen Fall „auf Null"
reduzieren. Auch erfahrene Piloten setzen bei hochpreisigen Modellen oft
Stabis ein, weil sie ihr wertvolles Modell damit besser geschützt fliegen
können.

Erreicht wird die Stabilisierung durch Module, die mehrere Lage- und manchmal auch Beschleunigungssensoren, und einen ausgeklügelten Regelmechanismus enthalten. Der Benutzer kann das Verhalten in vielen Punkten konfigurieren. Die Schwierigkeit ist oft nicht der eigentliche Flug, sondern die geeignete Konfiguration. Moderne Stabis enthalten nicht nur eine Horizontalstabilisierung, sondern beinhalten ebenso die Stabilisierung für die Hochachse, so dass auf einen eigenständigen Heckgyro verzichtet werden kann.

Betrachtet man die Mikrokopter-Szene, lässt sich erkennen, wohin der Trend geht: Mit Ortungsmodulen (vor allem GPS) soll das Fluggerät vorbestimmte Orte anfliegen und auch bei abgerissenem Funkkontakt selbstständig den Rückweg finden.

Wie zuvor beschrieben, gibt es unterschiedliche Ansichten zum Einsatz eines Stabis. Jeder Pilot muss für sich entscheiden, ob er dessen Einsatz ausprobieren möchte. Einsteigern sei aber dringend empfohlen, bei der Einstellung einen erfahrenen Piloten hinzuzuziehen!

Im folgenden Abschnitt wird der Einsatz eines Stabis exemplarisch am GyroBot 900 von der Firma Lutz Focke LF-Technik beschrieben. Dieses Produkt wurde ausgewählt, weil es einen hohen Bekanntheitsgrad besitzt und daher häufig eingesetzt wird. Die Produkte der Mitbewerber unterscheiden sich in der Art der Konfiguration zum Teil erheblich, aber es ist unmöglich, alle auf dem Markt erhältlichen Stabis zu beschreiben.

Auch für den GyroBot 900 gilt, dass neuere Versionen möglicherweise von der hier beschriebenen Version abweichen, so dass Sie auf jeden Fall die dem Produkt beiliegende Anleitung lesen und beachten sollten! Sie werden das Konzept eines Stabis anhand des GyroBots und die grundlegende Vorgehensweise bei der Einrichtung kennenlernen. Es wird jedoch nicht jeder einzelne Konfigurationspunkt erklärt, denn dazu hat der Hersteller dem Produkt eine ausführliche Anleitung beigelegt.

An dieser Stelle sei nochmals darauf hingewiesen, dass die Benutzung von Modellhubschraubern nie gänzlich ungefährlich ist. Ein durch einen Stabi erreichtes ruhiges Flugverhalten kann eine Sicherheit vortäuschen! Der integrierte Regelkreis eines Stabis kann sich im ungünstigen Fall so schnell aufschaukeln, dass eine Steuerung oder kontrollierte Landung unmöglich wird und der Hubschrauber unvorhersehbare Manöver vollzieht. Daher wieder der Aufruf: Dieses Buch kann nur eine Hilfestellung sein, richten Sie sich auf jeden Fall nach der Anleitung des Herstellers! Beachten Sie alle

Sicherheitsvorgaben und -richtlinien, um die Gefahr soweit wie möglich zu reduzieren!

4.2 GyroBot 900

4.2.1 Komponenten

Der GyroBot 900, der im Folgenden mit *GB* abgekürzt wird, besteht einerseits aus dem Sensor- und Regel-Modul für die Horizontal- und Heckstabilisierung. Durch den integrierten Heckgyro kann er einen separaten Heckgyro ersetzen. Das Modul muss vibrationsarm und in der richtigen Ausrichtung am Hubschrauber angebracht werden. Andererseits gehört zum GB eine auf Windows-Systemen lauffähige Software für die Konfiguration. Alternativ ist ein eigenständiges Programmiermodul (Cockpit Programming Box) erhältlich. Um den GB an den Computer anzuschließen, liegt dem GB ein USB-Anschlusskabel bei. Ebenso sollten sich in der Packung mehrere dreiadrige Kabel zum Verbinden des Moduls mit den Servos befinden. Die Software liegt auf einer CD bei.

4.2.2 Eigenschaften und Einsatzmöglichkeiten

Der GB kann für pitch-gesteuerte Hubschrauber mit und ohne Paddel verwendet werden. Verschiedene Modi erleichtern die Einstellung und erlauben je nach Zielsetzung unterschiedliche Flugmanöver:

- *Standard Mode:* In diesem Modus ist eine sehr präzise Lageregelung aktiv. Die Agilität des Modells kann im Flug verändert werden. Dieser Modus simuliert quasi den Effekt der Paddel.

- *Beginner Mode:* Beim Zurückfedern der Steuerknüppel in die Neutralposition werden Nick- und Rollbewegung angesteuert, die den Hubschrauber wieder in die Waagerechte bringen.

- *Beginner Acro Mode:* Dieser Modus arbeitet wie der Beginner Modus, erlaubt aber zusätzlich die akrobatischen Manöver Rückenflug, Rollen und Überschläge.

Die beiden Beginner-Modi stellen eine Erweiterung des Standard-Modus dar. Der Standard-Modus beinhaltet keine Lagerücksteuerung!

Vorsicht ist beim Umschalten der Modi während des Fluges angesagt: Wenn Sie vom Standard-Modus in einen der Beginner-Modi umschalten, wird die augenblickliche Lage als Waagerechte angesehen, in die der GB das Modell bei jedem Loslassen der Steuerknüppel bewegen möchte!

4.2.3 Einbau

Da der GB einen eigenständigen Heckgyro ersetzen kann und bei einem Hubschrauber jedes Gramm zählt, sollten Sie den GB anstelle des Heckgyros einbauen.

Das Typenschild muss nach oben und die Steckerleiste nach vorn oder nach hinten zeigen. Die Montage muss so erfolgen, dass der GB parallel zu den drei Bewegungsachsen ausgerichtet ist.

Der T-Rex 500 wird mit drei Taumelscheibenservos angesteuert, deren Anlenkhebel jeweils in Schritten zu 120 Grad angeordnet sind. Der GB könnte auch Taumelscheiben mit 4-Punkt-Anlenkungen ansteuern, daher wird beim Einsatz mit dem T-Rex ein Steckplatz frei bleiben. Konkret nehmen Sie folgende Verbindungen vor:

Steckplatz 1:	Programmieranschluss für die Konfiguration (während des Fluges nicht belegt)
Steckplatz 2:	Ausgangssignal zum Heckservo
Steckplatz 3:	Heckeingangssignal vom Empfänger kommend
Steckplatz 4:	Rolleingangssignal vom Empfänger kommend
Steckplatz 5:	Nickeingangssignal vom Empfänger kommend
Steckplatz 6:	Pitcheingangssignal vom Empfänger kommend
Steckplatz 7:	Flugphaseneingangssignal vom Empfänger kommend (später müssen Sie hierzu am Sender eine Kanalzuweisung vornehmen!)
Steckplatz 8:	Ausgangssignal zum Nickservo
Steckplatz 9:	Ausgangssignal zum Rollservo rechts
Steckplatz 10:	Ausgangssignal zum Rollservo links
Steckplatz 11:	bleibt beim T-Rex 500 unbelegt

Zur besseren Übersicht ist die Verkabelung in Abbildung 4.1 dargestellt. Beachten Sie, dass der Akku wie im Betrieb ohne GB mit dem Regler verbunden wird und dieser im BEC-Modus den Empfänger mit Strom versorgt.

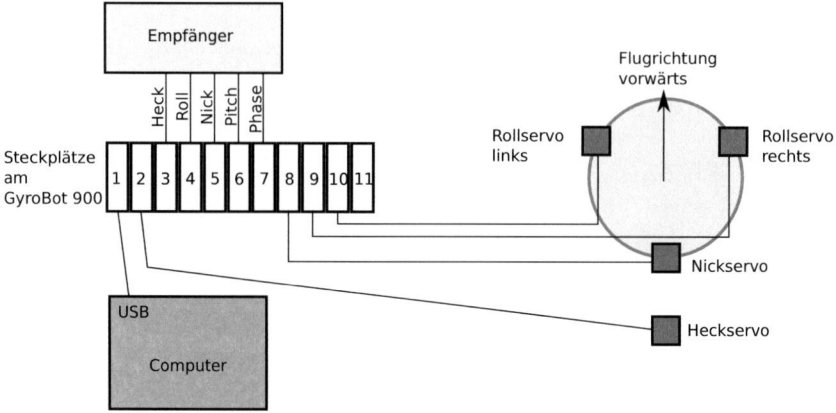

Abb. 4.1: Belegung der Steckplätze des GyroBot 900

4.2.4 Sendereinrichtung

Da die komplette Taumelscheibenmischung im GB stattfindet, müssen Sie
am Sender ein Flugmodell wählen, welches diese Mischung nicht enthält.
Es ist möglich, ein Flächenmodell auszuwählen, aber moderne Computersender haben auch für Hubschraubermodelle einen Taumelscheibentyp definiert, der ohne „Mischzwang" nur die Bewegungen Roll, Nick, und Pitch
kennt. Oft wird dieser Typ als *H1* in der Auswahl aufgeführt.

Erlauben Sie dem Sender maximale Servowege ($+/-$ 100 %) und setzen
Sie die Trimmung auf Neutralwerte.

Wenn Sie die Flugphase im Betrieb umschalten möchten, müssen Sie dazu
einen Geber mit 3-Positionen am Sender festlegen und diesem einen noch
unbelegten Kanal zuweisen. Das Signal muss auf den Steckplatz 7 des GB
geleitet werden.

4.2.5 Software

Damit die Software zur Konfiguration verwendet werden kann, benötigen
Sie einen Treiber. Mit diesem lässt sich über einen virtuellen COM-Port
über die USB-Schnittstelle mit dem GB kommunizieren. Möglicherweise
haben Sie diesen Treiber schon (unwissentlich) auf Ihrem Computer installiert. Wenn Sie nach dem Einstecken des USB-Verbindungskabels zum
GB in einen freien USB-Port die Meldung bekommen, dass ein Gerät mit

der Bezeichnung *TTL232R* installiert werden müsse, so ist der Treiber noch
nicht installiert. Sie erhalten diesen *VCP Driver* auf der Seite der Firma
Future Technology Devices International Ltd. zum freien Download. Ist der
Treiber korrekt installiert, sollten Sie in der Systemsteuerung einen *USB
Serial Port* unter den COM-Anschlüssen aufgelistet bekommen, sobald
das USB-Verbindungskabel angeschlossen wird (Abb. 4.2). Der zugewiese-
ne Port kann bei jedem Computer anders sein, auf Ihrem Rechner muss
also nicht zwingend die Portnummer 7 zu sehen sein.

Abb. 4.2: Bei korrekt installiertem VCP-Treiber wird in der Systemsteuerung im Gerätemanager ein USB Serial Port angezeigt, sobald das USB-
Verbindungskabel zum GB angesteckt wird.

Um einen ersten Test vorzunehmen, müssen Sie dafür sorgen, dass
der GB mit Strom versorgt wird. Dies geschieht nicht über das USB-
Verbindungskabel! Mit einer kleinen Minimalkonfiguration können Sie testen, ob der GB über Ihren Rechner konfiguriert werden kann: Schließen
Sie den Akku an den Regler an (vorher Antriebszahnrad auf der Rutsche
so verschieben, dass keine Kraftübertragung stattfinden kann!) und verbinden Sie das Regler-Steuerkabel mit dem entsprechenden Anschluss am
Empfänger. Verbinden Sie weiterhin ein Servokanal des Empfängers mit
einem Steuereingangssteckplatz am GB. Nun sind Empfänger und GB mit
Strom versorgt (Abb. 4.3).

Starten Sie das Programm Cockpit.exe auf der dem Produkt beiliegenden

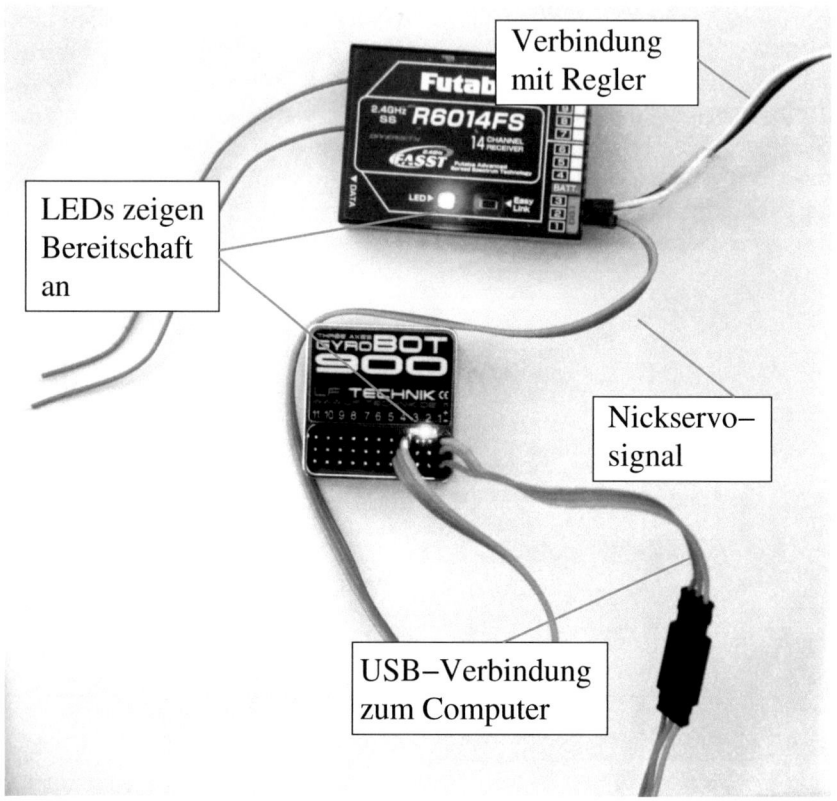

Abb. 4.3: Minimal-Setup für die ersten Programmierschritte des GyroBots

CD. In der Menüleiste sollten Sie den COM-Port einstellen, der laut Systemsteuerung als USB Serial Port ausgewiesen ist. Sehen Sie die in Abb. 4.4 dargestellte Startmeldung („System Running"), so ist der GB bereit und lässt sich programmieren.

4.2.6 Konfiguration

Als Vorsichtsmaßnahme sollten Sie zunächst alle Gestänge aushängen, bevor Sie den GB einstellen. Es gibt *später* einige Einstellungen wie beispielsweise die Servoweg-Einstellungen, für die Sie die Gestänge wieder einhängen müssen.

Der GB verfügt über drei frei konfigurierbare Flugphasen. Sie können die-

Abb. 4.4: Wenn diese Startmeldung im Fenster des Programms Cockpit.exe erscheint, ist der GB mit dem Computer verbunden und kann eingestellt werden.

se Flugphasen einerseits verwenden, um den GB für drei Modelle unterschiedlich einzurichten. Dazu müsste der GB aber immer wieder erneut verwacklungsfrei montiert werden. Andererseits können Sie die Flugphasen auch dazu verwenden, das Flugverhalten *eines* Modells während des Fluges umzuschalten. Diese Variante werden Sie sicher nicht als Einsteiger nutzen. Aus diesem Grund sei an dieser Stelle dazu geraten, die flugphasenspezifische Einstellungen generell zu unterbinden, indem Sie erst gar kein Kabel auf den Steckplatz 7 stecken.

Über die Software *Cockpit.exe* wird der GB konfiguriert. Die Bedienung ist etwas gewöhnungsbedürftig, weil sie sich nicht an den üblichen Standards orientiert. Grundsätzlich benötigen Sie die Leertaste am Computer und das Hecksteuersignal, um die verschiedenen Einstellungen vorzunehmen. Es ist daher zwingend notwendig, dass Sie das Hecksteuersignal vom Empfänger auf den Steckplatz 3 des GB leiten. Mit der Leertaste wählen Sie einen Menüpunkt aus, während Sie mit dem Hecksignal die einzelnen Auswahlpunkte anwählen können. Die Leertaste muss etwas länger als üblich gedrückt gehalten werden, damit der Tastendruck für eine Menüauswahl gehalten wird. Ein kurzer Druck dient dem Speichern eines Wertes. Anstelle der Leertaste können Sie auch den Button *Menü* drücken.

In Abb. 4.5 ist das Hauptmenü des GB abgebildet. Im ersten Schritt können Sie die Menüsprache wählen. Anschließend gelangen Sie in das eigentliche Hauptmenü. Durch Betätigen des Heckknüppels springen Sie je nach

Richtung zum nächsten oder vorherigen Menüpunkt. Konfiguriert wird jeweils die Flugphase, die bei Eintritt in das Menü eingestellt war.

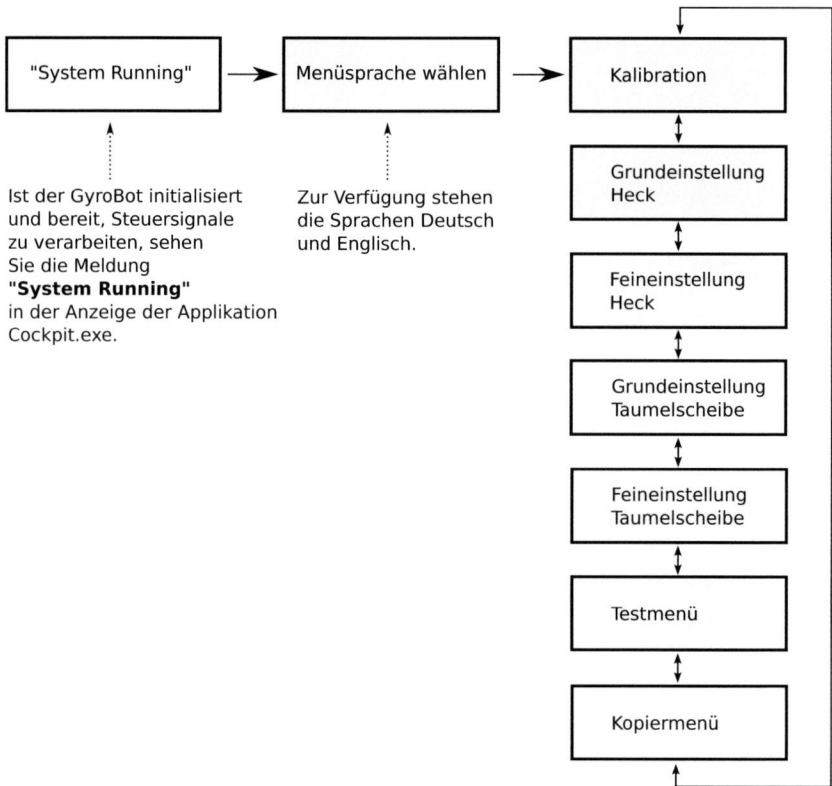

Abb. 4.5: Menüstruktur des GyroBots 900

Für die Einstellungen zum Heck und zur Taumelscheibe existieren jeweils zwei Menüs: In den Grundeinstellungen legen Sie die Hauptparameter fest (Drehrichtung, Typ usw.), während Sie in den Feineinstellungen weitergehende Parameter wie beispielsweise die Empfindlichkeit einstellen können.

Damit der GB die Neutralstellung der Steuerknüppel kennenlernen kann, wählen Sie den Menüpunkt *Kalibration* an. Drücken Sie die Leertaste oder den *Menü*-Button, so erwartet der GB, dass Sie nun alle Steuerknüppel auf die Neutralposition stellen. Wenn Sie anschließend die Leertaste erneut drücken, so werden die zu diesem Zeitpunkt eingestellten Knüppelpositionen als Neutralstellungen gespeichert. Ein längerer Druck der Leertaste führt wieder ins Hauptmenü zurück.

Der Autor empfiehlt, sich anfangs nur mit den Grundeinstellungen zu befassen. Erst wenn Sie mit der Wirkweise des GB näher vertraut sind, sollten Sie Feineinstellungen vornehmen. Die Anleitung des Herstellers gibt Werte vor, an denen Sie sich orientieren können.

Wie eingangs erwähnt, soll es nicht Ziel dieses Kapitels sein, die Anleitung des Herstellers zu ersetzen. Deswegen wird hier nicht auf die Konfiguration eines jeden Menüpunktes eingegangen. Da der GB alle Mischfunktionen des Senders übernimmt, wurden viele der Einstellungen und Konzepte schon im Kapitel über die Senderkonfiguration und die Einstellung des Heckgyros behandelt. Allerdings bietet der GB an vielen Stellen weitergehende Einstellungsmöglichkeiten für die mechanischen Komponenten, die ein genaues Feintuning zulassen.

4.2.7 Der Erstflug

Der Hersteller rät dazu, vor dem Erstflug einige Werte am Sender zu verringern, weil das Modell sonst zu aggressiv reagieren würde. Er macht folgende Vorschläge:

- 50 % Expo auf Roll und Nick

- 30 % Expo auf Heck

- Reduzierung des Servowegs für Roll und Nick im Standardmodus auf -20 % bis +20 % und -35 % bis +35 % im Beginner Mode

- Reduzierung für den Heckkanal auf -60 % bis +60 %

Mit diesen Startwerten sollte ein sicherer Erstflug gelingen. Anschließend können Sie die Werte bei Bedarf wieder vorsichtig vergrößern. Der Hersteller rät dringend dazu, den GB zunächst im Standardmodus einzufliegen.

4.3 Der Stabi im Betrieb

Ein Stabi muss wissen, in welcher Lage der Hubschrauber in der Waagerechten ist. Jene Lage, in der sich der Heli zum Einschaltzeitpunkt befand, wird als waagerechte Position definiert. Zusätzlich gibt es je nach Produkt weitere Eigenheiten zu beachten. Beim GyroBot 900, der im vorangegangenen Kapitel vorgestellt wurde, wird beispielsweise die augenblickliche Verkippung bei der Umschaltung in einen Modus mit Lagestabilisierung als Waagerechte definiert.

Ein Regelkreis kann sich im ungünstigen Fall aufschwingen. Daher ist es bei einem elektronisch lagestabilisierten Hubschrauber besonders wichtig, dass Vibrationen auf ein absolutes Minimum reduziert werden. Zusätzlich können moderate Werte für die Sensitivität eingestellt werden, um auf der sicheren Seite zu sein.

Verzichten Sie beim Start auf Roll- und Nick-Steuerbewegungen, solange sich der Hubschrauber noch am Boden befindet. Da diese Bewegungen am Boden nicht möglich sind, wird der Regelkreis eines Stabis dadurch irritiert und es kann zu einem plötzlichen Umkippen des Modells kommen.

Kapitel 5

Häufige Fehler

5.1 Checkliste

Vor dem Flug sollten Sie folgende Punkte auf jeden Fall prüfen:

1. Schrauben festgedreht? Alle Kontakte fest? Keine Kabel im Bereich beweglicher Komponenten?

2. Leichtgängigkeit aller drehenden Teile?

3. Akkus geladen (Heli und Sender)?

4. Richtiges Heliprogramm am Sender eingestellt?

5. Versicherungsschutz? Versicherungskarte eingesteckt?

6. Keine Personen oder Tiere in der Nähe?

7. 35/40-Mhz-Sender: Antenne ausgezogen?

5.2 Gründe für Vibrationen

Vibriert der Hubschrauber, können vielfältige Gründe ursächlich sein. Dies ist eine Auswahl häufiger Ursachen:

- verbogene Wellen (war die letzte Landung etwas hart?)
- Spurlauf suboptimal eingestellt
- lockere Teile am Modell
- Zahnräder defekt (fehlende Zähne?)
- Gyro-Empfindlichkeit zu hoch eingestellt

5.3 Zusammenbau

Fehlende Schrauben

In einem Tütchen befinden sich nicht genügend Schrauben, um eine Komponente fertigzustellen? Dass könnte daran liegen, dass der Hersteller in vielen Fällen bereits Schrauben in bestimmten Bauteilen eingesetzt hat.

Die schon eingesetzten Schrauben befinden sich daher nicht mehr im Schraubentütchen. Es kommt selten vor, dass tatsächlich Schrauben fehlen.

5.4 Elektronik

Elektronische Komponenten lassen sich nicht in den Programmiermodus versetzen.

Für die Einstellung sehen die Entwickler in der Regel ein Steuersignal über den Sender vor. Stimmt die Wirkrichtung des Gebers? Haben Sie den richtigen Kanal für die Konfiguration gewählt, d. h. ist der richtige Empfängerausgang mit der einzustellenden Komponente verbunden? Haben Sie schon ein Heliprogramm am Sender mit aktivierten Mischern eingestellt? Versuchen Sie alternativ die Einstellung mit einem Flächenmodell am Sender.

Regler gibt keine Pieptöne aus

Anhand von Pieptönen lässt sich bei vielen Reglern deren Betriebsmodus erkennen sowie die Einstellung vornehmen. Diese Töne werden in der Regel jedoch nicht vom Regler selbst, sondern über einen angeschlossenen Motor ausgegeben.

Gyroempfindlichkeit lässt sich nicht einstellen

Die Sensitivität wird bei vielen Gyros über einen dafür ausgewiesenen Kanal am Empfänger abgegriffen, damit diese Einstellung auch während des Fluges geändert werden kann. Das dafür eingesetzte Kabel ist meist nur einadrig! Ist es richtig eingesteckt?

5.5 Flugbetrieb

Der Hubschrauber dreht sich ungewollt um seine Hochachse.

Kontrollieren Sie die Drehzahl des Hauptrotors. Ist die Umdrehungszahl zu gering, so kann der Heckrotor dem Drehmoment des Hauptrotors nicht entgegenwirken. Haben Sie die Rotorblätter des Heckrotors korrekt eingesetzt? Mechanisch lassen sich diese auch verdreht einsetzen. In diesem Fall erreicht das Heck nicht genügend Gegenkraft.

Der Hubschrauber hebt nicht ab.

Ist der Akku geladen? Haben Sie einen geeigneten Akku angeschlossen? Der Akku muss nicht nur die Spannung bieten, sondern auch die Kapazität besitzen, um ausreichend Strom über längere Zeit liefern zu können. Messen Sie die Drehzahl des Hauptrotors. Messen Sie den Maximalpitch nach, denn mit zu geringen positiven Pitchwerten kann der Heli nicht abheben.

Keine konstante Drehzahl im Governor-Modus

Dafür gibt es verschiedene Ursachen: Neben einer möglichen schlechten Qualität des Reglers kommen auch einige selbst verschuldete Ursachen in Frage. Kontrollieren Sie, ob wirklich ein konstanter Gaswert über den gesamten Knüppelweg anliegt. Viele Sender können für solche Zwecke die Ausgangswerte auf den Kanälen darstellen. Manchmal wirken Trimmgeber auf der Gaskurve, deren Einfluss Sie nicht vermutet haben. Beispielsweise wirkt der Drehgeber VR(C) bei der Futaba FF-10 in der Version des Autors auf die Gaskurve in der Nähe des Knüppelmittelpunktes, wenn man diese Trimmung nicht explizit deaktiviert.

Wirkung des Gyros unvorhersagbar

Sind Sie sicher, dass Sie jegliche Heckbeimischung am Sender deaktiviert haben? Wenn auf dem Heck ein Signal anliegt, welches abhängig von der Position des Gasknüppels ist, wird der Gyro Steuerbewegungen annehmen, die Sie gar nicht gewollt haben.

Heck dreht unkontrollierbar

Stimmt die Wirkrichtung am Gyro? Hilft die Kanalumkehr auf dem Heckkanal? Manuelle Prüfung ohne Rotordrehung!

5.6   GyroBot

Einstecken des USB-Verbindungskabels führt zu einer Treiber-Installations-Meldung

Wahrscheinlich ist der VCP-Treiber nicht installiert. Holen Sie die Installation nach, der Treiber ist zum freien Download erhältlich.

Virtueller COM-Port wird im Gerätemanager aufgeführt, aber ist nicht in der Cockpit-Anwendung auswählbar

Wenn Sie die Applikation Cockpit.exe starten, werden alle verfügbaren COM-Ports in das Menü eingetragen. Wenn das Kabel anschließend eingesteckt wird, wird die Auswahlliste nicht immer aktualisiert. Starten Sie Cockpit.exe erneut.

Verbindung zum GyroBot kann nicht hergestellt werden

Ist der GyroBot eingeschaltet? Das erkennen Sie an der grün leuchtenden LED. Die Steckplätze sind auf dem GyroBot von links nach rechts **absteigend** durchnummeriert. Haben Sie das Verbindungskabel wirklich ganz rechts auf Steckplatz 1 gesteckt?

Haben Sie nach Auswahl des richtigen COM-Ports den Button *On/Off* betätigt?

Guten Flug!